Unternehmen PHARAO

Auke A. Tadema / Bob Tadema Sporry

Unternehmen PHARAO

Die Rettung der ägyptischen Tempel

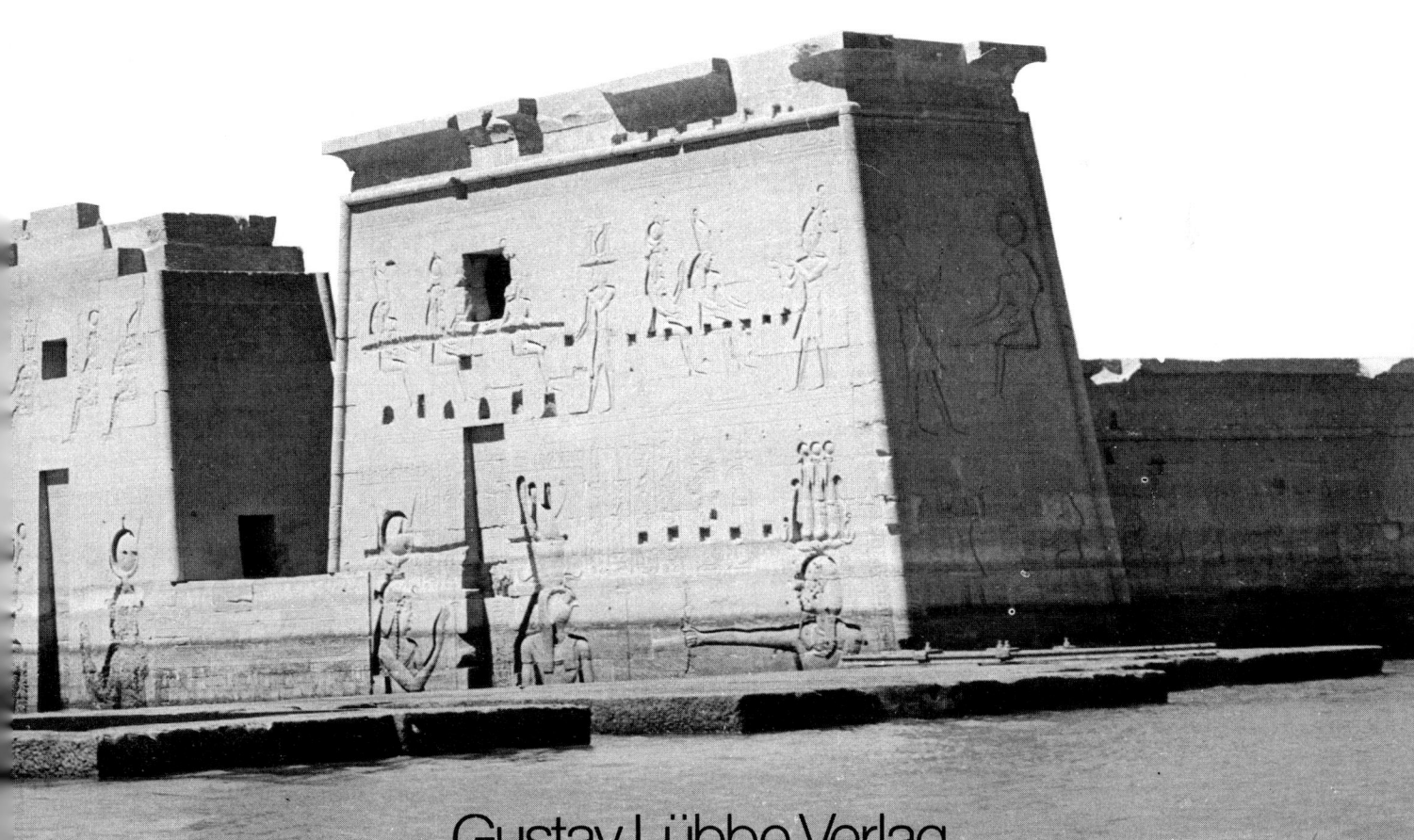

Gustav Lübbe Verlag

Dieses Buch ist der Menschheit gewidmet, die keineswegs so schlecht ist, wie man uns allzu oft glauben machen wollte.

Inneres Titelbild: Nachdem der erste Staudamm bei Assuan errichtet worden war, standen die Tempel auf der Insel Philae die meiste Zeit des Jahres unter Wasser.

© 1978 für die deutsche Ausgabe
Gustav Lübbe Verlag GmbH, Bergisch Gladbach
© 1977 Unieboek bv, Bussum

Übersetzt aus dem Niederländischen von Heinz Johnen
Schutzumschlag: Manfred Peters
Motiv des Schutzumschlags von Prof. Dr. Erich Winter
Satz: Friedrich Pustet, Regensburg
Druck, Einband: Grijelmo, S. A., Bilbao
Alle Rechte vorbehalten. Printed in Spain 1978.
ISBN 3-7857-0213-2

Inhalt

Ein Damm taucht auf – ein Land geht unter	7	Der Felsentempel von ed-Derr	101
Das »Land der Geister«	11	Der Tempel von el-Amada	104
Felszeichnungen und Steinwerkzeuge	23	Der Tempel von Wadi es-Sebua	110
Die Festungen von Semna	29	Der Tempel von Maharraka	115
Die Festungen von Mirgissa, Uronarti, Askut und Serra	35	Der Tempel von ed-Dakka	118
Festung und Tempel von Buhen	42	Der Felsentempel von Gerf Husen	123
Der Tempel von Akscha	50	Der Tempel von Dendur	127
Die Kathedrale von Faras	51	Der Tempel von Kalabscha	130
Die Felsenkapelle von Dschebel Schams	57	Der Felsentempel von Bet el-Wali	137
Der Felsentempel von Abu Hoda	59	Der Tempel von Taffa	141
Die Tempel von Abu Simbel	61	Tempel und Steinbrüche von Kertassi	144
Die Ausgrabungen von Abdallah Nirqi	83	Der Tempel von Debod	147
Die Funde bei Toschka	89	Die Insel Philae	154
Der Felsen von Kasr Ibrim	91		
Die Felsenkapelle von Ellesija	95	Quellen- und Fotonachweis	168
Das Grab des Pennut	98	Register	169

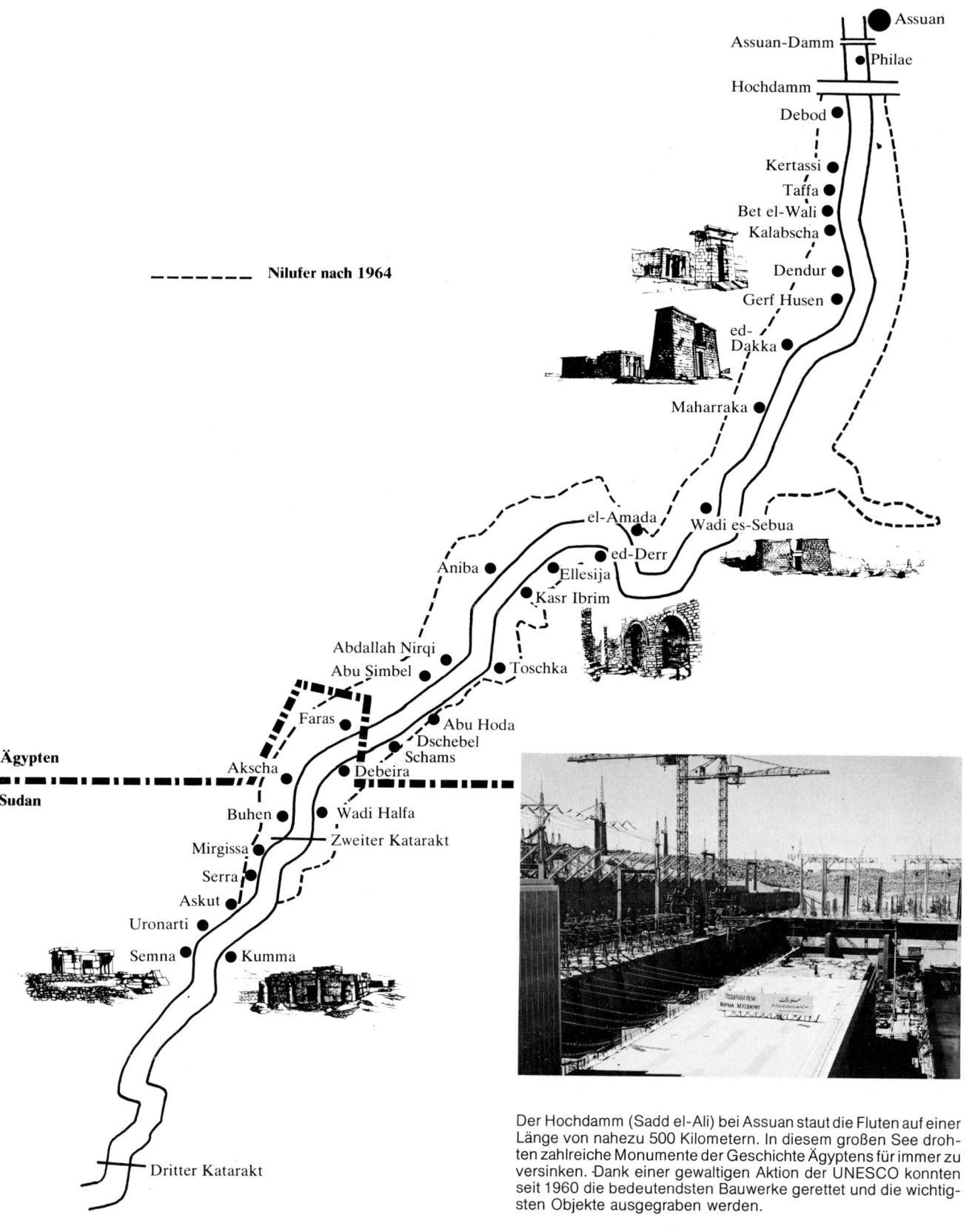

Der Hochdamm (Sadd el-Ali) bei Assuan staut die Fluten auf einer Länge von nahezu 500 Kilometern. In diesem großen See drohten zahlreiche Monumente der Geschichte Ägyptens für immer zu versinken. Dank einer gewaltigen Aktion der UNESCO konnten seit 1960 die bedeutendsten Bauwerke gerettet und die wichtigsten Objekte ausgegraben werden.

Ein Damm taucht auf – ein Land geht unter

1964 versank ein ganzes Land im Wasser. Ein Phänomen, ausnahmsweise nicht durch eine Katastrophe verursacht, sondern planvoll herbeigeführt. Folge einer Notwendigkeit, die Konsequenz des Staudamm-Baus bei Assuan, des Sadd el-Ali. Ein ganzes Volk mußte umgesiedelt werden. Das Land, in dem es Tausende von Jahren gelebt hatte, wurde aufgegeben im Tausch gegen neue Wohnorte, an denen es sich erst wieder zurechtfinden mußte.

Das Land, das verschwand – das hört sich an wie der romantische Titel des x-ten Atlantisfilms –, dieses Land war Nubien, beiderseits des Nils südlich von Assuan bis in den Sudan.

Das Volk, das umgesiedelt wurde, waren die Nubier, obwohl man von ›Ägyptern‹ spricht, ein eigenständiges Volk mit eigenspezifischen Charakteren, Sitten und Gewohnheiten.

Heute findet man diese Menschen überall in Ägypten, entweder in eigenen, geschlossenen Wohngemeinschaften oder bemüht, sich in den Städten zu assimilieren.

Die Insel Elephantine bleibt die natürliche Grenze zwischen Ägypten und dem ertrunkenen Nubien, so daß Assuan, heute eine große, ständig wachsende Industriestadt, eine Art Grenzposten bildet. Sechs Kilometer stromaufwärts liegt der neue Staudamm von Assuan, ein gewaltiges Monument, das zweifelsohne zu den vielen ›achten Weltwundern‹ unserer Zeit gehört. Von Assuan ging denn auch die Bedrohung der vielen Kulturdenkmäler aus, die – ob nun bekannt oder noch überhaupt nicht registriert – zugleich mit dem Land Nubien zu ertrinken drohten: das prächtige Philae, seit langem ein Opfer des alten Dammes und seiner ständigen Erhöhungen, rund zwanzig große und kleinere Tempel, Gräber und Gräberfelder, Kirchen (sogar eine Kathedrale), Felsen voller Bilder und Inschriften, und natürlich auch die schönen nubischen Häuser in Dörfern und kleinen Städten, Häuser eines ganz eigenen Baustils mit sudanesischem Giebelschmuck, der einzigartig für Nubien war. Nun waren Überflutungen in Nubien als Folgen des alten Staudammes keineswegs neu, auch wenn sie natürlich von weit geringerem Ausmaß waren. Es ist eben ein Naturgesetz: Wo ein Damm entsteht, bildet sich ein Stausee, und dieser verschlingt Land. Aber der Bau von Staudämmen war und ist bis heute lebensnotwendig.

Ägypten lebt vom Nil. Von ihm ist die gesamte Agrarwirtschaft abhängig. Und das weniger vom Strom selbst als vielmehr von den Überschwemmungen zwischen Juli und Oktober, wenn immense Niederschläge am Oberlauf des Nils den Wasserpegel in die Höhe schnellen lassen. Aber weil mit jeder Überschwemmung gewaltige Wassermassen ungenutzt ins Mittelmeer abflossen, baute man den ersten Staudamm von Assuan: El Khazzan (das Reservoir), wie die Ägypter ihn nannten. Er entstand zwischen 1899 und 1902. Ausgangspunkt war ein Granitmassiv im Ersten Katarakt. Der Damm wurde aus rötlichem Granit errichtet und hatte eine Höhe von ungefähr 33 Metern. In dem 200 km langen Reservoir stauten sich 980 Millionen Kubikmeter Wasser. Für einen Laien scheinbar vollauf genug, um der Landwirtschaft wirksam zu helfen. Aber bald stellte sich heraus, daß dies keineswegs ausreichte. Der Damm wurde deshalb schon zwischen 1907 und 1912 um fünf Meter erhöht und zwischen 1929 und 1934 noch einmal um zehn Meter. Damals reichte der Stausee über 350 km bis Wadi Halfa, und gestaut wurden nicht weniger als fünf Milliarden Kubikmeter. Der 160 m lange Damm hatte 180 Schleusenöffnungen in zwei Reihen übereinander.

Bei Bedarf öffneten sich die eisernen Schleusentore und ließen überzählige Wassermassen abfließen. Dämme zwischen Assuan und der Küste verhinderten, daß zuviel Wasser ins Meer ablief.

Die Bevölkerungsexplosion in Ägypten – heute fast 40 Millionen Einwohner gegenüber etwa 10 Millionen zu Beginn dieses Jahrhunderts – verlangte eine Erweiterung der agrarwirtschaftlichen Anbauflächen. Der Wasserhaushalt auf der Basis des alten Assuan-Staudammes reichte schon bald nicht mehr aus. Wollte man größere Gebiete als neues Ackerland erschließen, brauchte man einen neuen Damm.

Schon im Altertum wurde der Wasserstand des Nils genau beobachtet. Das beweist diese Pegeltafel im sogenannten Nilometer auf der Insel Elephantine bei Assuan.

Als Wächter im Wüstensand stand diese Sphinx mit Falkenkopf vor dem Tempel von Wadi es-Sebua. Unweit vom alten Standort fand das Monument einen neuen, sicheren Platz.

Auch die wachsende Industrie verlangte immer mehr Elektrizität.

Sechs Kilometer südlich vom einstmals beschaulichen Städtchen Assuan entstand der neue Damm, Sadd el-Ali, der Hohe Damm: 4,5 km lang, 72 m hoch, staut er auf einer Länge von fast 500 km eine Wassermenge von 130 Milliarden Kubikmeter. Der berühmte Zweite Katarakt, das »Steinbett«, wie die Araber ihn nannten, verschwand zehn Meter unter Wasser und ermöglichte zum ersten Mal eine durchgehende Schiffahrts-Verbindung zwischen Ägypten und dem Sudan.

130 Milliarden Kubikmeter! Das hört sich gewaltig an, aber diese Menge kommt keineswegs den Menschen des Landes zugute. Die moderne Geologie hat einige sonderbare Tatsachen über den Wüstenboden ans Licht gebracht. Danach strömt der Nil über eine Art Sieb dahin. Tief unter der Oberfläche Ägyptens und Ober-Nubiens befinden sich Spalten, in denen das Nilwasser verschwindet. So versickern zwischen Assuan und Assiut jedes Jahr nicht weniger als fünf Milliarden Kubikmeter! Doch der Wasserverlust ist noch viel größer. Auf der riesigen Wasseroberfläche des Nasser-Stausees verdunsten noch einmal jährlich zehn Milliarden Kubikmeter! Alles in allem bleiben noch 115 Milliarden Kubikmeter übrig, um die großen Turbinen anzutreiben, die tief im Felsen des Dammes eingebaut sind, um Ägypten mehr Elektrizität zu liefern, als es verbrauchen kann (aus diesem Grund sind auch nicht alle Turbinen in Betrieb).

Vor lauter Freude darüber, daß man mit sowjetischer Hilfe – technisch und finanziell – den Damm endlich bauen konnte, hatte man eines übersehen: Auf dem Grund des Nasser-Sees würde ein kulturelles Erbe für immer versinken, das bis dahin kaum jemals ernsthaft untersucht worden war; denn Nubien war auch archäologisch stets eine unterentwickelte Region gewesen. Doch 1955 erkannte man das Problem. Wie unersetzbar waren diese Kulturdenkmäler, die dort für immer verloren sein würden? Prächtige Tempel wie die von Kalabscha, Wadi es-Sebua, Abu Simbel und, nicht zu vergessen, Philae, das schon seit Beginn unseres Jahrhunderts ein Opfer

der Fluten war. Ägyten funkte SOS in alle Welt. Das Echo war deprimierend. Es blieb nur noch die Möglichkeit, die UNESCO anzurufen, um dort die so dringend nötige Unterstützung für die Rettung dieser Kulturdenkmäler zu finden.
Das Ergebnis war eine gewaltige, weltweite Hilfsaktion, wie es sie nie zuvor gegeben hatte. Der Wettlauf gegen den steigenden Wasserspiegel und gegen zahllose andere Widrigkeiten begann. Während der Damm heranwuchs, rechnete man mit vier bis fünf Jahren Zeit, die für die Untersuchungen, Ausgrabungen, den Abbruch und den Wiederaufbau blieben.
Zuallererst richtete man ein zentrales Institut ein, das *Documentation Center* in Kairo (1955). Danach ging alles zügig voran. 1959 entsandte die UNESCO einen Trupp von Spezialisten nach Ägypten, der nicht nur aus der Luft das Gebiet karthographisch erfaßte und fotografierte, sondern auch alle nur möglichen Untersuchungen anstellte. In Kairo wurde ein internationales Komitee gegründet, und Ägyptologen, Archäologen und Geologen untersuchten von Assuan bis zum Sudan sämtliche Bauwerke. Als dieses Komitee zum ersten Mal tagte, versprachen Ägypten und der Sudan den internationalen Helfern, sie könnten etwa die Hälfte aller Funde behalten. Es sei denn, es handle sich um außergewöhnlich bedeutende oder seltene Objekte. Als Ausgleich für diese Einschränkung wolle man einige Tempel und Statuen auswählen und sie den Staaten zum Geschenk machen, die Hilfe entsandt hätten. So erhielt das Ägyptische Museum in Berlin das Kalabscha-Tor. 81 Staaten wurden um Hilfe ersucht, davon leisteten 51 finanzielle oder technische Hilfe oder entsandten Spezialisten.
1964 begann die Überflutung Nubiens. Bald wurde die letzte Öffnung im Assuan-Damm geschlossen, der Nasser-See entstand. Er trägt den Namen zu Recht, denn letztlich hat Ägypten diesen Damm den Anstrengungen Nassers zu verdanken. Mittlerweile war eine internationale Zusammenarbeit entstanden, wie es sie nie zuvor gegeben hatte, Länder, die offiziell miteinander verfehdet waren, arbeiteten – was die Archäologie anging – brüderlich und ohne jeden Mißklang zusammen. Und das, nachdem die Organisation zur Rettung der nubischen Denkmäler sogar für die UNESCO eine unlösbare Ausgabe zu sein schien. Hinzu kam eine gewisse Angst davor, daß andere Programme – wie etwa Erziehungswesen, technische und soziale Entwicklung – vernachlässigt würden und daß das Geld in falsche Kanäle fließen könnte. Doch diese Befürchtung war grund-

Die Nordspitze der Insel Elephantine am Ersten Katarakt bei Assuan.

los. Die Rettung Nubiens wurde ein in sich abgeschlossenes Unternehmen – das aber viel Geld verschlang.
Am 8. März 1960 erfolgte der erste Aufruf zum »Schutz des Erbes der Welt in Form von Büchern, Kunstwerken und Denkmälern von historischem und wissenschaftlichem Wert«. Die Wirkung war überwältigend!
Vier Jahre später, 1964, nach einem verzweifelten Wettlauf gegen Zeit und Wasser und eine Vielzahl nicht vorhersehbarer Schwierigkeiten, waren bereits neunzehn Tempel gerettet, neu aufgebaut oder auf sicherem Platz gelagert. Mit dem zur Verfügung stehenden Geld – wahrhaftig wenig angesichts der großen Aufgabe – war unsagbar hart gearbeitet und eine Unmenge gefunden worden. Dabei waren die großen Monumente nur ein Teilaspekt. An Stellen, wo niemand es vermutet hätte, machte man Entdeckungen, die selbst die kühnsten Erwartungen übertrafen: die Festungen von Buhen und Semna, die Kupferminen, die Kathedrale von Faras, die hübsche kleine Kirche von Abdallah Nirqi, Kasr Ibrim mit dem ›Testament‹ eines frühchristlichen Bischofs, um nur einige zu nennen. Im einzelnen werden die Funde in diesem Buch noch besprochen.
Die Summen, die man für die Rettungsaktionen aufwenden mußte, wurden gut angelegt, ja, im Verhältnis zu dem, was man erreicht hatte, war es nicht einmal teuer. Nach einer ersten Bilanz mußten 87 Millionen Dollar für allgemeine Aktionen aufgebracht werden – ohne das Geld für die eigentlichen Ausgrabungen. Auch die beiden Star-Projekte, Abu

In den steigenden Fluten des Nasser-Stausees südlich von Assuan ertranken Nubiens Landschaft und seine Dörfer.

Simbel und Philae, tauchen in dieser Kostensumme keineswegs auf. Nicht weniger als 23 Monumente mußten freigelegt oder aus dem Felsen herausgesägt und später wieder neu errichtet oder rekonstruiert werden. Vier Tempel sollten die Länder als Belohnung erhalten, die mehr getan hatten als alle anderen. Das waren die Vereinigten Staaten, Spanien, die Niederlande und Italien. Der Plan sah vor, die geretteten Tempel in Gruppen zusammenzufassen und dann eine passende Umgebung, eine Art Oase, zu schaffen.

Der Sudan ging noch einen Schritt weiter. In der Gegend des Museums in Khartum grub man einen künstlichen Nil, an dessen Ufern die Bauwerke wieder aufgestellt wurden – unter einem Gerüst mit verschiebbarem Dach als Schutz gegen Witterungseinflüsse. Aber gerade dies war dem Ganzen in seiner Wirkung abträglich.

In Ägypten beispielsweise hatte man eine Anzahl von Tempeln, darunter das gewaltige Bauwerk von Kalabscha, zusammen auf einer Hügelkuppe erbaut. Sie ist durch das gestiegene Wasser inzwischen zur Insel geworden. Die Tempel können jetzt nicht mehr besucht werden; sie liegen mitten in einem militärischen Sperrgebiet.

Abu Simbel bildet mit seinen beiden Tempeln in der Tat einen Höhepunkt. Das Tempelgebiet am Nasser-See wird allmählich von heranwachsenden Mimosen-Büschen und Rasenfeldern eingerahmt, und eine dichte Allee von grünen Maulbeerbäumen verbindet es mit der kleinen Stadt Abu Simbel.

Die Insel Philae schließlich war das letzte Projekt, weil dort die Arbeiten am wenigsten dringend waren. Der Tempelkomplex hatte schon einen 60jährigen Kampf gegen das auf- und absteigende Wasser bestanden. Auch heute noch kann der Wasserspiegel zwischen den beiden Dämmen um sieben Meter differieren.

Ursprünglich war geplant, Philae, ›die Stadt der Tempel‹ (Champollion), so zu erhalten, daß es eine durch Dämme miteinander verbundene Inselgruppe bildet. Das hätte den Vorteil gehabt, daß man an Philae selbst wenig tun müßte. Aber das Ergebnis wäre wenig eindrucksvoll gewesen. Darum entschloß man sich zum sofortigen Abbruch und zum Wiederaufbau an einer anderen Stelle: auf der Insel Agilkia, die zuvor eine Art ›face lifting‹ erfuhr und nun darauf vorbereitet wurde, den Tempelkomplex aufzunehmen.

»Glaube kann Berge versetzen«, sagte 1960 der Generaldirektor der UNESCO. In Nubien ist dieses Wort buchstäblich Wirklichkeit geworden. Dort *wurden* Berge versetzt: Abu Simbel. Dort hat der Mensch mit Hilfe moderner Technik zwei Berge aus ihrem Muttergestein herausgesägt und sie viele Meter höher wieder, auf sicherem Grund, aufgestellt. Dort wurde auch ein Tempel auf Schienen verschoben, wurden Fresken von den Wänden ›abgepellt‹, restauriert und in Sicherheit gebracht. Dort fand man Grabmäler von historischen Persönlichkeiten, deren Bildnisse man zwar kannte, nicht aber ihre wirkliche Ruhestätte. Mit einem Wort, in Nubien wurde so unendlich viel geleistet, daß man wahrhaftig von vorbildlicher internationaler Zusammenarbeit sprechen kann.

Das »Land der Geister«

Nubien galt als »Land der Geister«. Dies geht auf den nachstehend wiedergegebenen Brief des noch kindlichen Pharao Pepi II. an den »Grafen, Siegelbewahrer und Vorsteher der Dolmetscher« Harchuef zurück. Doch das Wort, das man als ›Geister‹ deutete, bezeichnete in Wirklichkeit »Die vom Horizont«, die »Horizontischen« (oder – so Walther Wolf – »Horizontbewohner«) und hatte nichts mit ›Geistern‹ oder ›Gespenstern‹ zu tun, obwohl ihre altägyptische Bezeichnung ähnlich lautete und man auch später nubischen Zauberern besondere Kraft zuschrieb.

Nubien, das Land der Geister, war ein Land aus Wasser und Stein, Sand und Hitze. Die Ruhe war so groß, daß sie zuweilen entnervend wirkte. Nur der dahinströmende Fluß, der sanft singende Wind, das Zwitschern der Vögel und verwehende Laute aus den schönen kleinen, nach uraltem sudanesischem Brauch aus Lehm und Palmholz gebauten Dörfern, nur dies unterbrach die Stille. Nubien, zur einen Hälfte offiziell zu Ägypten gehörend, zur anderen Hälfte sudanesisch, wird bewohnt von Menschen mit schwarzer Hautfarbe, in deren Leben uralte Sitten und Gebräuche noch zu spüren sind. Diese Nubier, heute in ganz Ägypten und dem Sudan verbreitet, stammten nicht von den Altägyptern ab – wohl wa-

Der Nil schlängelt sich durch die Felsenlandschaft des nördlichen Sudans und Nubiens, des »Landes der Geister«.

Qubbet el Hawa, der große Felsen am Ostufer des Nils: dort liegen die Gräber der Fürsten von Elephantine.

ren sie mit ihnen vermischt –, sondern von Afrikanern.
Nubien war das große Durchzugsgebiet von Nord nach Süd, in dem der Nil und eine Wüstenstraße die einzigen Verkehrsverbindungen darstellten. Kaufleute, Karawanen und Armeen zogen hier durch, später auch die Missionare: Christen aus Byzanz, Moslems aus Ägypten und den arabischen Ländern. Alle hinterließen sie ihre Spuren in Tempeln, Grabstätten, Gräberfeldern, Häusern und Kirchen. Alle leisteten ihren kleinen Beitrag zu einer Geschichte, die bis vor kurzem dunkel und unbekannt war. Doch der Bau des großen Dammes führte dazu, daß man einen ganz neuen Einblick in die Geschichte erhielt, die in prähistorischer Zeit begann und bis 1971 andauerte.

Schon vor hunderttausend Jahren lebten Menschen in Nubien. Damals gab es den Nil noch nicht – dieser Strom ist erst 50000 Jahre jung –, dafür strömte eine Vielzahl von Flüssen durch die hügelige, intensiv grüne Landschaft, so daß es den Menschen, die dort als Jäger und Fischer lebten, an nichts mangelte. Später, nachdem sich der Nil-Strom gebildet und die große Austrocknung begonnen hatte, wurde das Leben dort schwieriger. Die Zahl der Einwohner sank. Aus all diesen Jahrhunderten sind uns Spuren menschlicher Besiedlung überliefert durch Funde von Steinwerkzeugen, angefangen von den großen Faustkeilen bis hin zu den feinsten Klingen.

Die Nubier späterer Zeit lebten in Gemeinschaften auf den kleinen Flecken fruchtbaren Bodens längs der Nilufer, oder sie zogen mit großen Herden Vieh und Kleintieren durch die Wüste, ohne sich jedoch zu weit vom Fluß zu entfernen, denn er bot letztlich ihre einzige Existenzgrundlage. Brunnen und Zisternen außerhalb der Dörfer waren so wenig ergiebig, daß sie nicht zählten.
Menschen wurden geboren, lebten und starben in Nubien. Jahrtausendelang wurden sie auf den ausgedehnten Gräberfeldern beerdigt oder – schon viel später – in schönen Grabkammern beigesetzt, die man in die Felsen schlug. Als Nubien christianisiert wurde, waren die Kirchen und ihre Umgebung der Platz, wo man die Toten begrub. Natürlich hatten auch später die Moslems ihre eigenen Gräberfelder, die nun, wie alle anderen, in den Fluten des Nils verschwanden.
Viele Jahrhunderte lang kamen und gingen die Menschen durch Nubien, das die Alten Ägypter das »Land der Geister« nannten. Diese Epoche ging zu Ende. Nubien existiert nicht mehr. An seiner Stelle entstand der prachtvolle Nasser-See, stahlblaues Wasser mit bizarren, zerklüfteten Felsenküsten, mit Dutzenden von Inseln und Inselchen, den Überresten der einstigen Hochflächen. Hinter die Geschichte Nubiens wurde der Schlußpunkt gesetzt.

Von seinem Quellgebiet bis zum Mittelmeer legt der Nil, einer der längsten Ströme der Erde, mehr als 6000 km zurück. Heute ist man über seinen Verlauf genau informiert. Doch zu Zeiten der Pharaonen war alles, was südlicher lag als der Erste Katarakt bei Assuan, eine Welt voller Geheimnisse und Gefahren, bewohnt von abscheulichen Bestien und grauenhaften Ungeheuern. Der Katarakt war die ängstlich respektierte Grenze zu dem, was hinter den Stromschnellen lag: zum Jenseits. Zugleich aber war es auch das Land, aus dem begehrenswerte Dinge kamen: Gold und Elfenbein, fremde Tiere und Pantherfelle, edle Hölzer und Myrrhe, Zwerge und Kupfer.

Nur ein Befehl oder die Aussicht auf Gewinn bei einem Handel, ein militärischer oder ein Regierungsauftrag konnte einen Ägypter dazu bewegen, nach Nubien zu gehen. Selbst zur Zeit der großen Kolonisierung während des Neuen Reiches (1570 bis 1080 v. Chr.) war der Aufenthalt in Nubien, sogar auf sehr hohen Regierungsposten, nicht gerade begehrt. Dennoch lebten sehr viele Ägypter in Nubien. Die Garnisonen der riesigen Festungen zur Sicherung der Grenzen, die vielen Beamten zur Regelung des Verkehrs auf den Straßen und zu Wasser, die Steuereinnehmer und Priester, sie alle mußten oft viele Jahre dort bleiben. Was ihre alltägliche Umgebung betraf, so lebten sie dort kaum anders als zu Hause: Wohnung und Büro, Tempel und Kaserne waren wie in Ägypten. Aber alles andere, was Ägypten ihnen bot, mußten sie hier vermissen: das sanfte Klima, die hügelige, sattgrüne Umgebung, den ruhig dahinströmenden Nil ohne felsige Wasserfälle, heimelige Dörfer und große Städte voll Handel und Wandel. Ganz zu schweigen davon, daß sie das Flair Ägyptens vermißten, die Atmosphäre eines in der damaligen Welt führenden Reiches. Für denjenigen in Nubien, der kein gebürtiger Nubier war, muß das Leben dort alles andere als angenehm gewesen sein.

In der Nähe des heutigen Assuan liegt ein mächtiger, schon aus großer Entfernung wahrnehmbarer Felsen: der Opferberg. Dicht bei diesem pilzförmigen Felsen beginnt die berühmte Elefantenstraße, die älteste Verkehrsverbindung der Welt. Hier begann man seine Reise in die legendären Länder Wawat und Kusch, besser bekannt als Nieder- und Ober-Nubien. Der Opferfelsen war der letzte Posten der zivilisierten Welt, wenn man sich ins heiße Herz Afrikas oder möglicherweise noch weiter aufmachte, man vermutet sogar, daß der Elefantenpfad die Verbindung zum fernen Nigeria war. Bis zum Opferfelsen reichte das Herrschaftsgebiet Chnums, des Gottes mit dem Widderkopf, der über die Quellen des Nils regierte. Und wo lagen die? Niemand konnte das sagen!

Chnum herrschte auch über einen anderen Felsen, den Berg von Scheich Suleiman. Dieser Felsen, am früheren Wadi Halfa gelegen, war ebenfalls ein wichtiger Punkt am Wüstenweg. Davon zeugen zahlreiche Inschriften, die Reisende auf ihrem Weg nach Süden dort hinterließen. Die Elefantenstraße führte direkt vom Opferfelsen zum Berg von Scheich Suleiman. Teile des Pflasters – es war eine befestigte Straße! – kann man heute noch hier und da erkennen. Doch insgesamt gesehen blieb die Erosion der

Ausgrabung einer Siedlung der C-Gruppen-Kultur in der Nähe von Faras.

Die Ausbeute vieler Grabungen, gesammelt in der Zentrale des Antikendienstes in Wadi Halfa.

Inschriften aus der Zeit von Amenophis III. (ca. 1375 v. Chr.) auf Granitfelsen bei Assuan.

Wüste Sieger über das Werk der Menschen. Bei Scheich Suleiman verschwindet die Straße im Sand, um erst wieder 180 km weiter südlich zum Vorschein zu kommen. Es ist möglich, daß sie bis zum Dritten und Vierten Katarakt weiterführte, an der großen Schleife des Nils bei Darfur. Fünftausend Jahre hindurch wurde diese Straße benutzt, zuletzt von den berüchtigten Derwischen des Mahdi während ihres Feldzuges gegen die Briten (1883–1885). Die britischen Soldaten fügten ihre Inschriften denen der vormaligen Nubier hinzu.

Die Hieroglyphen auf dem Felsen von Scheich Suleiman zählen zu den ältesten, die man so weit südlich, am Zweiten Katarakt, fand. Sie wurden von einem Bildhauer oder Steinmetz eingemeißelt, der in jenem Heer mitgereist sein muß, das von Pharao Djer, dem zweiten König der I. Dynastie (ca. 3000 v. Chr.) auf eine Strafexpedition in den Süden entsandt wurde. Damit überhaupt eine dermaßen kostspielige Expedition auf einen solch gefährlichen Marsch geschickt wurde, mußten sich die Nubier schon ziemlich aufsässig aufgeführt haben. Die Inschrift auf einer langen, schmalen Felsplatte – durch Erosion vom Felsenmassiv abgelöst –, berichtet ausführlich, wie die ägyptischen Schiffe (damals schon!) die Soldaten transportierten, damit sie Städte und

Dörfer unterwerfen sollten. In der Nähe des Schiffes treiben tote Nubier, und der Name des Königs Djer ist links von der Schilderung deutlich zu lesen. Diese Strafexpedition bedeutet den Beginn des ägyptischen Einflusses in Nubien, einer Herrschaft, die 5000 Jahre dauern sollte.

Die ersten Bewohner Nubiens, die für sich die Bezeichnung ›zivilisiert‹ in Anspruch nehmen konnten, nennt man A-Gruppe. Ihre Kultur war einst vollkommen unbekannt, doch sind wir heute, dank umfangreicher Ausgrabungen, weit besser informiert. Aber das, was man als Geschichte zu bezeichnen pflegt, schriftlich belegte Geschichte also, das setzte erst mit der Ankunft der Ägypter ein und ihrem unwiderstehlichen Drang, überall Zeugnisse zu hinterlassen – seien es nun Bildnisse oder Inschriften. Ihre Götter, ihre Statuen und ihre Berichte waren überall in Nubien zu finden. Es wurde schon gesagt, daß König Djer einer der ersten war, die hier ihren Namen verewigen ließen. Er machte zwar aus Nubien noch keine Kolonie, aber die Schätze Afrikas jenseits der Nilkatarakte waren bekannt und in Ägypten begehrte Waren. Deshalb war Djers Expedition notwendig, um diese Transitstraße offenzuhalten. Während des Alten Reiches (ca. 2750–2250 v. Chr.) gab es eine Zeit des Friedens, in der Technik und Kunst sich zu ungeahnter Höhe entwickeln konnten: der Bau der Pyramiden, der Ausbau der Hauptstadt Memphis zeugen ebenso davon wie die kunstvolle Herstellung prächtiger Bilder und Geschirre aus Naturstein. Wer reich genug war, schmückte sich mit kostbarem Schmuck auf durchsichtigen, weißlinnenen Gewändern. Schon im Alten Reich erlangte die Insel Elephantine ihre Bedeutung, ein Name übrigens, der nichts mit Elefanten zu tun hat, sondern mit der Tatsache, daß hier das Elfenbein für die Handels-Expeditionen gelagert wurde. Der Name stammt aus dem Griechischen, aber die altägyptische Bezeichnung ›Abu‹ hat dieselbe Bedeutung.

Die Herrscher von Elephantine gehörten zu den Mächtigsten im Reich, denn sie waren es, die die großen Karawanen zusammenstellten, ausrüsteten und finanzierten. Einer der bedeutungsvollsten offiziellen Titel dieser Fürsten war ›Wächter des Tores zum Süden‹. Sie trugen dafür natürlich auch eine große Verantwortung: denn von Elephantine an der Grenze hing Ägyptens Sicherheit ab. In diesem Sinne stand das Tor zum Süden an dieser Stelle weit offen.

Einer dieser Fürsten war sehr berühmt: Harchuef, der unter anderem die Titel führte ›Aufseher des Südens‹ und ›Aufseher aller Wüsten‹. Er lebte etwa um 2300 v. Chr. und reiste mehrere Male über die Elefantenstraße nach Süden. Sein erster Dienstherr war Pharao Merenrê. Nach dessen Tod kam Pepi II. auf den Thron – damals gerade acht Jahre alt –, der Harchuef prompt erneut in den Süden schickte mit dem Auftrag, neue und besonders schöne Dinge für ihn herbeizuschaffen. Und Harchuef erfüllte den Auftrag zur vollsten Zufriedenheit. Irgendwo tief in Afrika entdeckte er einen Zwerg, der tanzen konnte. Er unterrichtete Pharao Pepi davon, woraufhin jener sofort mit der Begeisterung eines Knaben reagierte:

»Du sagst in deinem Brief, daß Du einen tanzenden Zwerg mitbringst aus dem Land der Geister . . . Du sagst Meiner Majestät, daß noch niemand, der diesem Zwerg gleicht, aus dem Land Yam hierher gebracht worden ist . . . Meine Majestät wird Dir sehr viele Ehren erweisen, auf daß Du auf ewig eine leuchtende Zierde sein sollst für die Söhne Deiner Söhne. Komme also sofort an meinen Hof und bringe mir den Zwerg mit. Du sollst ihn lebend mitbringen und bei guter Gesundheit . . . damit er tanze und das Herz seines Königs erfreue . . . Und wenn der Zwerg mit Dir aufs Schiff geht, . . . achte darauf, daß er nicht ins Wasser falle, und . . . lasse ihn durch vertrauenswürdige Diener . . . zehnmal in der Nacht überwachen. Meine Majestät wünscht den Zwerg lieber zu sehen als alle Geschenke aus Sinai und Punt (Somaliland) *. . .«*

Harchuef ließ diesen begeisterten Brief seines Königs in die Außenmauern seines Grabes meißeln. Der kleine König hat nach ihm noch etliche andere ›Wächter des Tores zum Süden‹ verschlissen. Er wurde der König mit der längsten Regierungszeit: 94 Jahre soll er regiert haben.

Mit dem Ende des Alten Reiches brach für Ägypten eine schlimme Zeit an, die etwa zwei Jahrhunderte währte. Nach Pepis Tod war die Kraft Ägyptens gebrochen. Asiaten und Libyer drangen in das Land ein, und auch die Nubier zogen nordwärts. Aufs neue wurde das »Land der Geister« unerreichbar, und die Elefantenstraße blieb ungenutzt. Niemand wagte sich mehr auf diesen Weg.

Aber alles Unglück hat einmal ein Ende, und mit der Ära des Mittleren Reiches (2040–1786 v. Chr.) kamen für Ägypten wieder bessere Zeiten. Die Pharaonen dieser Dynastien, der 11. und 12., drängten auf Expansion. Ein starker Pharao und mächtige Fürsten ergriffen die Macht, als der erste König, Amenemhet I., ein Edler aus Theben, erneut Leben

Grab aus der sogenannten A-Gruppen-Kultur, in der Nähe von Faras, ganz freigelegt.

Skarabäen, aus dem Neuen Reich, ca. 1450 v. Chr., gefunden in Gräbern bei Faras.

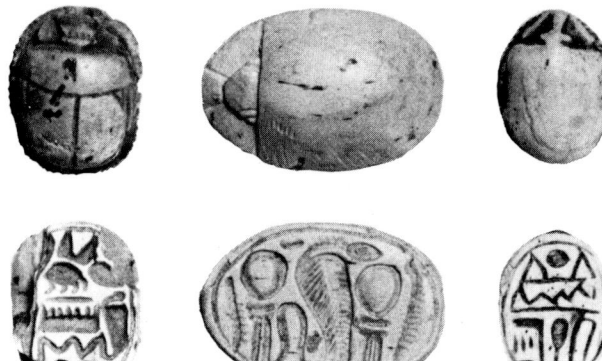

Keramikschalen, typisch für die C-Gruppen-Kultur, aus den Gräbern bei Faras.

1. Die kleine Grenzstadt Wadi Halfa, heute im Nasser-See versunken.
2. Ein Grab der sogenannten A-Gruppen-Kultur wird freigelegt.
3. Der Nasser-See in der Nähe von Abu Simbel.
4. Der Nil bei Assuan mit Blick auf die Insel Elephantine.
5. Landschaft am Zweiten Nil-Katarakt.
6. Der neue Hochdamm bei Assuan.

in die ägyptische Politik brachte. Wieder setzte eine Blütezeit der Schönen Künste ein, und die Bewässerung des Landes machte riesige Fortschritte. Man kann diese Situation damals nur noch mit dem Bau des neuen Dammes von Assuan vergleichen. Die Verbindung mit Wawat und Kusch wurde wieder aufgenommen. Ein Heer marschierte südwärts zum Ersten und Zweiten Katarakt, um Ägyptens neue Grenze so weit wie möglich nach Süden voranzutreiben. Eine Reihe mächtiger Festungen, zwölf an der Zahl, wurde von den nachfolgenden Pharaonen längs des Nils erbaut. Sesostris III. ließ die drei gewaltigen Forts von Semna, der am weistesten südlich gelegenen Festung, zur Sicherung seines Landes bauen.

Das Ende des Mittleren Reiches brachte das Ende der Herrschaft über Nubien. Die Hyksos, die ›Könige der Fremdländer‹ fielen in Ägypten ein und begründeten eine neue Dynastie, nachdem das Reich in der 13. und 14. Dynastie zerfallen war (1786–1680 v. Chr.). Lediglich in Theben hielten sich lokale Fürsten in einer 16. Dynastie, während die Hyksos die 15. bildeten.

Die Hyksos regierten 90 Jahre lang, von 1680–1570 v. Chr. Mit der so glanzvollen 18. Dynastie begann 1570 v. Chr. das Neue Reich (1570–1080 v. Chr.), das Ägypten eine neue Hochblüte bescherte. Pharao Thutmosis I. (1520–1508 v. Chr.) eroberte Nubien und drang bis in den Sudan vor – in Täler, die seinen Vorfahren unbekannt waren. Er befestigte die Grenze bis 600 km weit südlich von Semna, die acht Jahrhunderte lang Bestand hatte! Thutmosis I. brauchte ein volles Jahr, um Nubien zu unterwerfen, aber gegenüber acht Jahrhunderten Friedenszeit fällt das nicht ins Gewicht. Eine neue Politik begann: die Kolonisation Nubiens, bis das Land ebenso ägyptisch war, dachte und handelte wie Ägypten selbst.

Das gelang wunderbarerweise, und bald betrachteten sich die Kuschiten als vollwertige Ägypter. Die Kinder vornehmer Familien schickte man nach Theben, um sie dort zusammen mit Prinzen und Prinzessinnen erziehen zu lassen. Die zwölf alten Festungen wurden modernisiert und mit Garnisonen besetzt: sie hatten nun jedoch nicht länger nur strategische Bedeutung, sondern waren die Befestigungen großer Häfen; entlang der Nilufer entstanden Kais und Lagerhallen, die den Handel belebten.

In Nubien errichtete man ägyptische Tempel, Heiligtümer und Grabdenkmäler, und neue Bewässerungsanlagen wurden in Angriff genommen. Die sogenannte C-Gruppen-Bevölkerung war verschwunden, möglicherweise assimiliert in einer neuen, nubischen Bevölkerung. Nubien war jetzt die südliche Provinz Ägyptens, und es gab nun eine neue Würde und ein neues Amt, das des »Königssohns (= Vizekönig) von Kusch«.

Aus Kusch wurden enorme Mengen Gold nach Ägypten geschickt, und bis an die Grenze des heutigen Abessinien waren überaus reiche Goldminen in Betrieb. Die Obelisken der Königin Hatschepsut im Tempel von Karnak waren mit Gold aus Kusch verkleidet. Gold begleitete Edle und Könige auf dem Weg in ihre kostbaren Grabmäler, und mit Gold schmückte sich jeder, der es bezahlen konnte. Sogar Haustiere, vor allem die geliebten Katzen, trugen goldene Ohrringe oder Halsketten mit Anhänger. Einer der letzten Pharaonen der 18. Dynastie, Amenophis IV., besser bekannt als Echnaton (1367–1350 v. Chr.), erhielt den Brief eines asiatischen Fürsten: »Schicke mir viel Gold, mehr Gold, denn im Lande meines Bruders ist Gold so alltäglich wie der Staub auf der Straße.«

Der Vizekönig von Kusch hatte vielsagende Titel: ›Sohn des Königs von Kusch‹, ›Aufseher des Goldlandes des Herrn der beiden Länder‹. Er kam gleich nach dem König und war daher ein wichtiger Mann. Er verwaltete sowohl Wawat wie Kusch und verfügte über ein Heer, um Handel und Verkehr zu sichern. Sein großer Beamtenapparat sorgte dafür, daß der verlangte Tribut pünktlich in Ägypten eintraf. Insgesamt gesehen waren die Vizekönige (ursprünglich Nubier von hohem Rang) überaus vertrauenswürdig, und es gab entsprechend wenig Grund zur Klage. Fast 500 Jahre lang regierten diese Vizekönige über Nubien, 23 mit großer Verantwortung betraute Fürsten. Überall in Nubien fand man Inschriften als Zeugnisse ihrer umsichtigen und tüchtigen Verwaltung, auf Grabstelen und Mauern, auf Felsen am Fluß, in Kapellen, Tempeln und Festungen.

In Nubien stößt man auch auf die Namen der größten Pharaonen. Königin Hatschepsut ließ dort einen Tempel bauen; Thutmosis III. begegnet man in allen möglichen Inschriften. Aber auch die Größen der 19. Dynastie (1314–1200 v. Chr.) wie Sethos I. und Ramses II. haben sich entsprechend verewigt. Der letztgenannte zum Beispiel baute die großartigen Tempel von Abu Simbel, Bet el-Wali und Wadi es-Sebua. Die von Ramses siegreich beendete Schlacht von Kadesch am Orontes kann man in Nubien in Wort und Bild bestaunen: auf den Wänden von Abu Simbel und Bet el-Wali. Aber auch Berichte über seine romantische Heirat mit der Hethiter-Prinzessin (die durch Schnee und Kälte ins soviel wärmere Ägypten zog, um durch ihre Heirat die langjährigen Fehden zwischen beiden Völkern zu beenden) kann man auf einer Stele von Abu Simbel lesen.

Im 8. Jahrhundert vor Christus ergab sich nach einer jahrhundertelangen ›Zusammenarbeit‹ mit Ägypten für Nubien noch einmal die Chance, unabhängig zu werden. Schon immer waren es interne Schwierigkeiten gewesen, die Ägyptens Zügelgriff lockerten. Dem letzten großen Pharao, Ramses III. (1198–1166 v. Chr.), gelang es im letzten Augenblick, zu Wasser und zu Land die gefürchteten Seevölker zu schlagen und die Feinde aus Asien zurückzudrängen. Aber unter der Herrschaft der sechs folgenden Pharaonen mit dem Namen Ramses, bröckelte Ägyptens Macht mehr und mehr ab. Nach dem 1080 v. Chr. verstorbenen Ramses X. kam die Tanitische Dynastie (1080–950 v. Chr.) ans Ruder. Danach bestiegen libysche Pharaonen den Thron, Herrscher mit solch exotischen Namen wie Scheschonk, Osorkon und Takelot. Diese 22. Dynastie regierte teilweise zusammen mit der 23. Dynastie. Trotz aller Unabhängigkeit blieben die Nubier, die

Dieser Felsblock, gefunden bei Scheich Suleiman und jetzt südlich des Hochdammes von Assuan aufgestellt, beweist die große Bedeutung von Djer (ca. 3000 v. Chr.) für Nubien. Djer war einer der ersten Könige Ägyptens.

1. Die Zitadelle von Faras.
2. Die Feste von Semna-West mit dem Tempel aus der 18. Dynastie.
3. Die Feste von Buhen.
4. Die Festung Mirgissa am Zweiten Katarakt.
5. Tempel Ramses' II. bei Akscha.
6. Keramik der sogenannten C-Gruppen-Kultur.
7. Keramik der sogenannten X-Gruppen-Kultur.
8. Meroitische Keramik.
9. Ausgrabung einer C-Gruppen-Siedlung in der Nähe von Faras.

fortan von Napata, der Stadt am Vierten Katarakt, aus regierten, jedoch ägyptischer, als man es für möglich halten sollte. Die Indoktrination war sehr stark gewesen. Napata war schon jahrhundertelang ein Zentrum der Amun-Verehrung, und Napatas Könige nannten sich Pharaonen von Ober- und Unter-Ägypten. Einer von ihnen, Pianchi (751–716 v. Chr.) machte sich sogar auf, Ägypten zu erobern. Doch nach seinem Sieg kehrte er wieder nach Napata zurück. Im Jahre 710 überfiel sein Bruder Schabako, mittlerweile sein Nachfolger, erneut den ägyptischen Nachbarn.

Inzwischen hatten sich im Mittleren Osten große Veränderungen vollzogen. Eine neue Weltmacht war entstanden: Assyrien. Die Assyrer fielen in das reiche Ägypten ein und rollten wie eine Dampfwalze durch das Niltal. Im Jahre 671 v. Chr. eroberten sie Memphis unter Assarhaddon. Der zu ihrer Zeit regierende Pharao Taharka (um 680–664 v. Chr.) wurde nach Süden vertrieben. 663 eroberte und verwüstete Assurbanipal Theben. Zwischen 658 und 651 v. Chr. gelang es einem ägyptischen König, Psammetich I., die Assyrer zu verjagen. Fortan regierten die Könige von Nubien wieder in Napata. Sie begruben dort ihre Könige und Königinnen auf recht altertümliche Weise: unter Pyramiden, die jedoch viel bescheidener waren als die Pyramiden der Pharaonen im Alten Reich.

Im 6. Jahrhundert wurde die Hauptstadt noch weiter nach Süden verlegt. Fortan war es Meroe am Sechsten Katarakt. Das geschah nach einer totalen Niederlage gegen eine ägyptische Armee, verstärkt durch griechische Söldner unter dem Kommando von Pharao Psammetich II. (595–589 v. Chr.).

Meroe lag so weit südlich, daß sich das kuschitische Königshaus dort ziemlich sicher fühlen konnte. Es machte sich auch wirklich daran, Meroe erneut Geltung zu verschaffen: durch die Eisenindustrie. Bis tief nach Afrika hinein wurden die berühmten meroitischen Waffen und Werkzeuge exportiert. Die Verbindung mit Ägypten war nun praktisch abgeschnitten, und die Nubier lösten sich auch in Sprache und Schrift vom Ägyptischen.

Inzwischen wurde der Zweite Katarakt, wie man jetzt weiß, weiterhin von den Nubiern scharf bewacht. Sie müssen dort kleine Garnisonen unterhalten haben, deren Überreste man noch voller Tonwaren aus Meroe fand. Diese kleinen Wachthäuser wurden aus lose gestapelten Steinen gebaut. So haben die Nubier mindestens 2000 Jahre lang den Katarakt verteidigt und bewacht.

Als der Perser Kambyses im Jahre 525 v. Chr. Ägypten eroberte, wollte er auch das legendäre Nubien in seine Gewalt bringen. Zuerst entsandte er Botschafter-Spione mit reichen Geschenken. Doch die mißtrauischen Nubier fielen nicht darauf herein. Die Perser konnten Nubien nicht erobern, sie versuchten es gar nicht erst.

Danach wurde das Land immer afrikanischer. Zwar verehrte man die ägyptischen Götter Isis und Osiris weiterhin, doch auch sie wurden afrikanisch – ihre Gesichter wurden schwarz. Die alte Mythologie verschwand, sie bekam eine eigene, nubische Form.

Inzwischen hatten die Griechen und Makedonen unter Alexander dem Großen (332–323 v. Chr.) Ägypten erobert, danach kam die Ptolemäerdynastie. Nachdem Kleopatra Selbstmord verübt hatte – jene letzte Königin des ptolemäischen Geschlechts, das dadurch im Jahre 30 v. Chr. ausgelöscht wurde –, wurde Ägypten römische Provinz, und die Südgrenze lag ungefähr 100 km südlich von Syene, wie Assuan damals genannt wurde. Noch einmal, 24 v. Chr., machte Nubien von sich reden. Damals zog eine nubische Königin, die einäugige Kandake, mit ihren Heerscharen nach Norden und besiegte bei Elephantine drei römische Kohorten. Trotzdem mußte sie sich letztlich geschlagen geben. Von einem neuen römischen Heer wurde sie besiegt und zurückgedrängt, aber es gelang ihr in einer Schlacht, eine Bronzebüste des Kaisers Augustus zu erbeuten und zu entführen. Dieser Kaiserkopf wurde in Meroe begraben – nahezu 2000 Jahre blieb er dort, bis Archäologen ihn wiederentdeckten.

Napata, das längst keine Hauptstadt mehr war, hatten die Römer auf ihrer Strafexpedition dem Erdboden gleich gemacht. Aber Meroe war sicher – es lag zu weit südlich. Nach Kandakes Niederlage wurde auch Nubien eine römische Provinz. Die Grenze lag fortan bei Maharraka.

Mit der römischen Herrschaft hörte das Königreich Kusch auf zu bestehen. Im Laufe eines Jahrhunderts zerfiel es und geriet in die Hände zweier neuer Völker, der Blemmyer und der Nobaden.

Im fernen Norden verbreitete sich, einige Jahrzehnte nach Kleopatras Tod, ein neuer Glaube, das Christentum. Unter Griechen und Römern war Ägypten wieder ein Land des mediterranen Lebensbereiches geworden und wußte eigentlich kaum noch etwas von den Ländern weiter südlich, die seine schwarzen Sklaven lieferten.

Einmal hat Kaiser Nero noch versucht, Nubien zu erforschen. Er schickte einen Offizier, zwei Centurionen und eine Handvoll Soldaten den Nil hinauf mit dem Befehl, Nachrichten über das geheimnisvolle Land der dunkelhäutigen Menschen zu bringen. Nach einem langen, äußerst mühseligen Marsch erreichten diese mutigen Männer, 4000 km vom Mare Nostrum entfernt, die Papyrussümpfe, die man heute als Sudd bezeichnet! Damit hatten sie eine Leistung vollbracht, die nicht so schnell überboten werden sollte.

Aber Maharraka schien als Grenzposten nicht sehr günstig gelegen zu sein, und seit Mitte des ersten Jahrhunderts war Elephantine wieder das Tor nach Nubien. Das Übergewicht von Blemmyern und Nobaden war groß. Die Blemmyer waren Nomaden aus den Wüsten im Osten. Die Nobaden kamen möglicherweise aus den weit im Sudan gelegenen Gebieten von Kordofan und Darfur. Sie wurden schließlich derart lästig, daß eine Strafexpedition ausgeschickt wurde, um sie zu unterwerfen. Das Ergebnis war ein hundertjähriger Vertrag. Rom war inzwischen christlich geworden, doch die Nomaden verehrten immer noch Isis. Der Friedensvertrag erlaubte ihnen einmal im Jahr eine Pilgerfahrt zur Insel Philae, wo sie ihre Göttin anbeten durften.

Im praktisch total christianisierten Ägypten war Philae zum Zentrum des alten Glaubens und damit zum Unruheherd geworden. Dem machte etwa um 550 nach Christus Kaiser Justinian von Byzanz (Kaiser des Oströmischen Reiches) ein Ende: er ließ die Tempel auf Philae schließen, die Priester ins Gefängnis werfen und die heiligen Bilder nach Konstantinopel bringen.

Auch die Nobaden waren inzwischen Christen geworden; nur die Blemmyer verharrten in ihrem »heidnischen Trotz«, bis sie von König Silko von Nobatia mit Hilfe römischer Legionen für immer geschlagen wurden.

Nubien war zu der Zeit schon christlich und sollte es bis ins 15. Jahrhundert bleiben. Von den christlichen Missionaren, die damals durch das Land zogen, hat ein gewisser Johannes von Ephesus einen Bericht aus dem 6. Jahrhundert hinterlassen. Darin beschreibt er, wie schrecklich er unter der Sommerhitze zu leiden habe. Er könne es nur aushalten, indem er in einer Grotte sitzen bleibe und die Füße in einen Kübel Wasser stecke.

In Nubien gab es fortan drei christliche Reiche, Alodia (Alwa) im Süden, im Gebiet des heutigen Khartum. In der Mitte erstreckte sich sich Makuria (Mukurra) mit einer Hauptstadt in der Gegend des antiken Dongola. Und im Norden lag das mächtige Reich Nobatia mit Faras als Hauptstadt. Dasselbe Faras, das während der Rettungsaktion für die nubischen Denkmäler eine Überraschung liefern sollte: hier kam eine prächtige Kathedrale mit Wandfresken im byzantinischen Stil zum Vorschein.

Wie in Byzanz regierten in Nubien Kirche und Staat das Land, und Griechisch war die Umgangssprache – auch wenn es nicht eben das beste Griechisch war.

Fünf Jahrhunderte lang blühte in Nubien das Christentum. Dann kam der Islam und wurde zur Hauptreligion in Ägypten. In dem Maß, wie Nubien zerfiel, gewann der Islam dort an Einfluß. Aber an den gut zu verteidigenden Punkten wie einigen Felseninseln im Nil konnten sich die Christen bis ins 15. Jahrhundert hinein behaupten. Als Nubien in den Fluten versank, war es seit 500 Jahren ein Land des Islam gewesen. Nun ist dort nur ein großer Stausee.

Die Sieges-Inschrift von König Silko im Tempel von Kalabscha.

Felszeichnungen und Steinwerkzeuge

Die Expeditionen, die sich mit der Ausgrabung und Erforschung der nubischen Paläontologie und Vorgeschichte beschäftigten, ergaben: Zugunsten von Erkenntnissen, die man vorher für undenkbar gehalten hatte, mußte man viele langgehegte Vorstellungen über Bord werfen.

Anfang unseres Jahrhunderts war unter anderen Reisner der Meinung, daß das »elende Kusch« der alten Ägypter seit der 1. Dynastie der Pharaonen (ca. 3000 v. Chr.) nur eine Art Anhängsel des bedeutenden Landes am Nil war. Die Geschichte Nubiens sah man kaum anders an als eine Art Bericht darüber, wie Ägypten dieses Land benutzt oder vernachlässigt hatte. Die Nubier selbst galten als das typische Produkt von Armut und Isolation, eine minderwertige Mischung aus negroiden und ägyptischen Elementen an den steinigen Ufern eines durch meist öde Wüsten strömenden Flusses. Nubien lag zu weit entfernt und war viel zu arm, um für eine »bessere und stärkere Rasse« interessant zu sein.

Zahlreiche prähistorische Felszeichnungen konnten in Nubien gerettet werden. Man sägte die Felsblöcke heraus und brachte sie an neue, sichere Standorte. Viele wurden am wiedererrichteten Tempel von Kalabscha aufgestellt.

Diese prähistorische Felszeichnung beweist, daß der Nil schon sehr früh als Transportweg benutzt wurde: Schiffe dieser primitiven Bauart taten jahrhundertelang Dienst.

Besonders in der Umgebung des Ersten Kataraktes bei Assuan fand man zahlreiche Felsinschriften, darunter auch diese aus der Ramessidenzeit (ca. 1150 v. Chr.).

Die unter dem Druck des steigenden Wassers so schnell, gut und gründlich wie möglich durchgeführten Untersuchungen (vor allem durch Skandinavier und Amerikaner) haben dieses Bild total verändert. Nubien war viel mehr, es war der Korridor zwischen dem, was man meist ›Afrika‹ nennt (also Schwarz-Afrika) und der Mittelmeerküste. Seine aufeinanderfolgenden Kulturen waren jedoch nicht mediterran, sondern rein afrikanisch. Sie entstanden zum Beispiel in Napata und Meroe. Für Nubien kamen die wichtigsten Einflüsse aus dem Sudan, wobei man noch vermerken muß, daß Unter-Nubien nicht viel mehr als ein Grenzgebiet zwischen Nord- und Zentral-Afrika war. Die Reichtümer, die auf dem Nil als

Handelsware nach Nord und Süd transportiert wurden, waren Reichtümer aus Ländern außerhalb Nubiens: aus dem Sudan und dessen Hinterland und aus Ägypten. Ägypten war, wie groß sein Einfluß auch sein mochte, ursprünglich ein *Fremd*körper. Erst mit der Besiedlung Nubiens durch die Pharaonen des Neuen Reiches (1570–1080 v. Chr.) wurde der Einfluß so groß, daß die Nubier sich bald ganz als Ägypter fühlten.

Neun Jahre harter Arbeit in einem Gebiet von rund 500 km Länge und die Erkenntnisse vieler internationaler Gruppen von Archäologen und Paläontologen haben manche Lücke in unserem Wissen geschlossen. Ein halbes Dutzend Kulturen innerhalb eines Zeitraums von ungefähr 5000 Jahren wurden bei Ausgrabungen entdeckt, die meist nur einen Steinwurf voneinander entfernt lagen. Ein gewisser ›Turm-zu-Babel‹-Effekt, wegen der vielen verschiedenen Sprachen, machte die Aufgabe keineswegs leichter, während die Auswertung der Funde in der ganzen Welt erfolgte. Jedenfalls steht heute fest, daß während der Urzeit in Nubien ein intensiveres und emsigeres Leben bestand, als man es sich je vorgestellt hatte. Eine zweite, neue Tatsache war, daß die Kolonisation durch Ägypten einige Jahrhunderte früher als bisher angenommen einsetzte. Schon die ersten Pharaonen, darunter König Djer, der zweite Pharao der 1. Dynastie (ca. 3000 v. Chr.), schickten ihre Armeen nach Nubien. Ein reliefierter Stein aus dieser Zeit bestätigt, daß die ersten Ägypter in Nubien ein Volk vertrieben, das wir als die A-Gruppe bezeichnen. Während des Mittleren Reiches (2040–1786 v. Chr.) war Ägyptens Macht durch die gewaltigen Festungen in Nubien gesichert. Die Forts zeugen von einem starken und gefürchteten Feind, aber wer das nun war, steht noch immer nicht hundertprozentig fest. Manche meinen, es sei die C-Gruppe gewesen, ein starkes Volk von mächtigen Viehzüchtern. Diese C-Gruppe bestand wahrscheinlich so lange, bis die Nubier christlich wurden und den Ansturm des Islams bis ins Mittelalter aufhielten.

Wer etwas von der Wandlung der Besiedlungsstruktur Nubiens erfahren will, muß den Beginn dieser Besiedlung hoch oben auf der ursprünglichen Hochfläche suchen, deren Gipfel heute aus dem Wasser des Nasser-Stausees herausragen. Man nimmt an, daß dort schon vor 100 000 Jahren Menschen existierten. Sie fertigten Werkzeuge aus Stein und lebten von Jagd und Fischfang. Es gab keine Häuser oder ähnliches. Sie lebten zwar auf dem etwas höher gelegenen Land, aber so nahe am Ufer wie möglich, weil sie nur dort das lebenswichtige Wasser fanden. In Nubien findet seit 1964 eine Untersuchung über die Urzeitmenschen statt. Fünfzig Spezialisten aus fünf wissenschaftlichen Institutionen erforschen das gesamte westliche Nilufer, im Sudan sogar beide Ufer – insgesamt 600 km! Aufgrund der bisherigen Ergebnisse hat man für Nubien folgende Zeitstellung vornehmen können:

Vor 50 000 v. Chr.	Nubische Urgeschichte, Altsteinzeit
45 000 bis 33 000	Mittlere Steinzeit
25 000 bis 16 000	Jungsteinzeit
18 000 bis 3 500	Jungsteinzeit (Spätphase)
4 500 bis 3 500	Nubische keramische Zeit

Man sieht, daß einzelne Perioden einander überlappen, aber auch, daß bestimmte Lücken auftreten. Die Überschneidung entstand, weil einige Völker höher entwickelt waren, aber in einem anderen Teil des Landes lebten. Man kann heute sagen, daß die Bevölkerung längs des nubischen Nils sich stabilisierte, als der Fluß seine endgültige Form erhielt. Eine durchgehende Entwicklungslinie jedoch ist nicht feststellbar, besonders was die ältesten Epochen angeht. Es muß Gruppen gegeben haben, die unabhängig voneinander ihre Steinwerkzeuge herstellten und kaum Informationen austauschten.
Aus der Vielzahl der gefundenen Steinwerkzeuge kann man auf eine dichte Besiedlung Nubiens schließen. Manche Entdeckungen verblüfften die Forscher. So fand man auf einem einzigen Quadratmeter nicht weniger als 300 behauene Steine, 50 davon sogar komplett bearbeitet. Es handelte sich um eine ›Arbeitsstelle‹, an der von einem Kernstein Stücke abgeschlagen wurden, um diese dann mit anderen Steinen so zu bearbeiten, daß scharfe Ränder entstanden – schon hatte man brauchbare Messer! Eine andere Zahl vermittelt einen Eindruck von einem der ›Wohnplätze‹, die man ausgrub: 21 391 Geräte wurden gefunden, darunter 1149 Messer und 1001 Werkzeuge. Ein solcher Ort muß ziemlich lange bewohnt gewesen sein, wobei man bedenken sollte, daß die Menschen jener Zeit im Durchschnitt nicht älter als 25 Jahre wurden.
Die Menschen kannten damals drei Arten von ›Wohnungen‹ – will man dieses Wort benutzen, wenn vom Schutz gegen Witterung die Rede ist. Da waren erstens gewisse Felspartien, nach Nord-Osten oder Süd-Westen ausgerichtet (abhängig von der

Felszeichnung vom Ersten Katarakt bei Assuan: in der oberen Hälfte verehren hohe Beamte aus der Ramessiden-Zeit die Götter. Darunter ist der berühmte Vizekönig Setau abgebildet.

Hauptwindrichtung), die Schutz boten. Dann gab es natürliche Ringhöfe im Gestein, die der Mensch leicht ausbauen konnte, indem er noch weitere Felsbrocken aufschichtete. Und außerdem gab es die sogenannten ›Arbeitsstellen‹, die jeweils dort lagen, wo man genug Feuerstein fand, um Werkzeuge herzustellen. Steine mit Brandspuren weisen darauf hin, daß man schon Herdfeuer kannte.

Ob die ›Häuser‹ ein Dach besaßen oder Wände aus Astgeflecht, ist nicht bekannt. Unmöglich scheint es nicht, aber man fand keine konkreten Hinweise. Dort, wo Sanddünen am Strom einen gewissen Schutz boten, betrieb man Fischfang. Der Fisch wurde roh gegessen oder geräuchert. Fischabfälle gab es in solchen Mengen, daß man heute genau weiß, wo damals die besten Fanggründe waren. Dieses Volk wird das Khormusan-Volk genannt. Es lebte in kleinen Sippen entlang der Ufer. Obwohl Jäger, blieben sie meist in Ufernähe, denn der Strom bedeutete Lebensmöglichkeit für sie. Sie kannten den Gebrauch eines roten Farbstoffes, den sie aus Hämatit (Roteisenerz) gewannen. Und es ist auffallend, daß dieses Erz zwar nur am Zweiten Katarakt vorkommt, der Farbstoff aber in allen bekannten Siedlungen gefunden wurde.

Das Khormusan-Volk tauchte 25 000 v. Chr. auf und verschwand um 15 000 v. Chr. Warum? Wurde es von einem Jägervolk vertrieben, das sich am Zweiten Katarakt aufhielt? Man weiß es nicht, aber aus einem recht makabren Fund geht hervor, daß Kriege auch in der fernsten Vorgeschichte nicht unbekannt waren. Am oberen Ende eines kleinen Wadis (= trockenes Flußbett) in der Nähe des Zweiten Katarakts fanden Archäologen eine Grube, zugedeckt mit dünnen Steinplatten, mit den Resten von drei Skeletten. Die Menschen waren ermordet worden, das zeigten Steinspeere und Pfeile, die in Brust und Bauch, Kopf und Rücken steckten. Andere Gräber bestätigen dieses Drama. Insgesamt fanden 58 Erwachsene und Kinder an dieser Stelle den Tod. Mehr als die Hälfte ist eindeutig ermordet worden. Die Toten waren in nicht sehr tiefen Gruben ohne Opfergaben beigesetzt, in einer nach vorn eingeknickten Körperhaltung, die Hände vor dem Ge-

Viele nubische Inschriften befanden sich an unzugänglichen Stellen, wie hier unter einem Felsüberhang.

sicht. Was geschah hier? Welches waren die Gründe für diesen Massenmord? War das Jagdwild zu knapp geworden und gab es deshalb zuviel Menschen? Man wird es nie erfahren.

Nach den Menschen der Hochflächen kam eine neue Bevölkerung nach Nubien, von dem amerikanischen Ägyptologen Reisner schon zu Beginn unseres Jahrhunderts ›A-Gruppe‹ genannt. Diese A-Gruppe war ein gutes Stück weiter auf dem Weg zur Zivilisation. Man stellte auffallend schöne Töpferwaren her und lebte in Lagern. Häuser wurden nicht gefunden, obwohl es durchaus möglich ist, daß man schon in Hütten aus leicht verderblichem Material wie Stroh, Reet oder dergleichen wohnte. Die Häuser hatten feste Herdstellen für das Feuer, man trug lederne Kleidung und schminkte sich mit grünen Farbstoffen, die auf kleinen Steinpaletten angerührt wurden, wedelte sich mit Fächern aus Straußenfedern Kühle zu und hatte sowohl steinerne als auch kupferne Waffen.

Man nimmt an, daß die A-Gruppe etwa um 3000 v. Chr. in Nubien erschien. Sie verfügte über Mahlsteine zum Mahlen von Getreidekörnern, und mit Bumerangs jagte sie Vögel. Wie schwierig die Grenzen zwischen Ägypten und Nubien auch zu überwinden waren – die endlosen Wüsten links und rechts der Ufer, die Katarakte und der Nil selbst –, so beweist doch der Austausch beispielsweise von Töpferwaren, daß die A-Gruppe mit dem Land der Pharaonen in Verbindung stand.

Daß man heute von diesen Menschen soviel weiß, verdankt man dem Fund unversehrter Gräber, die von einer dicken Schicht Nilschlamm bedeckt und damit dem Zugriff von Grabräubern entzogen waren. Skandinavische Archäologen haben viele dieser Gräber untersuchen können. In einem fand man einen Mann, auf der Seite liegend, die Beine angezogen, noch so auf der Strohmatte ruhend, wie man ihn beerdigt hatte. Neben seinem Haupt lag ein großer Tontopf mit engem Hals, möglicherweise ein Wassergefäß. Unter seinem Nacken fand man eine kleine Steinpalette mit Rückständen grüner Augenschminke. Die Reste einer Art Lederrock lagen unter seinem Becken. Zwei große und zwei kleine Teller waren zum Essen bereitgestellt, und zwei große Krüge sowie ein Becher werden Bier enthalten haben. Andere Tote wurden mit Halsketten und Armbändern aus Muscheln und Karneol begraben. Ein Mann hatte offenbar alle Perlen mitbekommen, die er Zeit seines Lebens hergestellt hatte; sie waren zum Teil noch nicht fertig geschliffen oder noch nicht durchlöchert. Diese Perlen waren aus Muscheln und Knochen hergestellt. Eine ähnliche Bewandtnis muß es mit jenem Mann gehabt haben, dessen Grabgabe eine ganze Steinsammlung war, und zwar Steine aus der dortigen Gegend: Amethyste, Ocker, Karneole, Granit und dergleichen.

Die A-Gruppe mußte schließlich einer neuen Bevölkerung weichen, der C-Gruppe. Manche Forscher, wie etwa Reisner, sprachen zwar auch vom Vorhandensein einer B-Gruppe, aber diese These konnte nicht erhärtet werden. Auch die Ägypter haben zur Vertreibung und Ausrottung der A-Gruppe beigetragen, wie die Angriffe der Heere der Pharaonen Djer und Snofru bezeugen. Eine Zeitlang lebten die A- und die C-Gruppe nebeneinander. Einige Forscher halten die C-Gruppe für einen weiterbestehenden Zweig der A-Gruppe. Gräber beider Gruppen fand man dicht beieinander. Aber die C-Gruppe unterschied sich vor allem dadurch, daß sie

Viehzucht betrieb und riesige Herden unterhielt. Vieh war das wichtigste in ihrem Leben, das geht aus allen hinterlassenen Zeugnissen hervor. Die C-Leute kratzten Bilder ihrer Tiere in Tongefäße, und viele Felszeichnungen nehmen Bezug auf ihren kostbarsten Besitz. In einem Kreis rings um ihre Gräber fand man Rinderschädel.

Die C-Leute pflegten noch einen anderen, merkwürdigen Brauch: sie deformierten die Hörner ihrer Rinder, indem sie sie nach vorn oder nach unten bogen. Bis auf den heutigen Tag haben alle afrikanischen Völker im Tschad, in Mauretanien, aber auch die Dinka und Schilluck am Oberlauf des Nils diese Gewohnheit beibehalten. In ägyptischen Gräbern aus der Zeit um 2500 v. Chr. hat man Bilder solcher Tiere gefunden, also gab es auch dort diesen Brauch. Darum vermutet man, daß Mitglieder der C-Gruppe durch die Sahara zogen und dann, als diese austrocknete, sich nach neuen Weidegründen umsehen mußten. Sie zogen deshalb ostwärts, bis sie in Nubien feste Siedlungen gründeten.

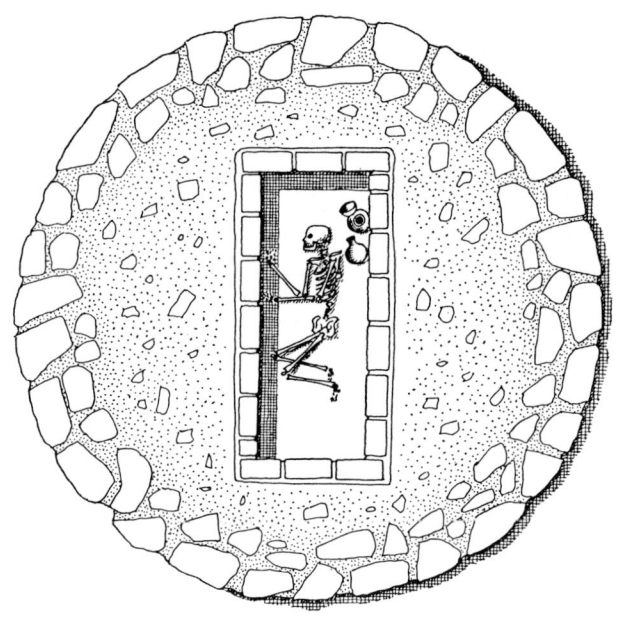

Die C-Gruppe lebte noch in Nubien, als in Ägypten bereits das Mittlere Reich mit vollkommen neuen Lebensgewohnheiten und -vorstellungen entstand. Das Alte Reich war eine Epoche von fünf Jahrhunderten des Friedens gewesen, wenn man davon absieht, daß Pharao Snofru (4. Dynastie; ca. 2680 v. Chr.) bei einem Überfall nicht weniger als 7000 Gefangene machte und 200 000 Stück Vieh wegtrieb. Dieser Überfall – eine Art Strafexpedition – warf die C-Gruppe um Generationen zurück. Nubien war für das sich schnell entwickelnde Ägypten allmählich nützlich geworden. Aus dem Süden bezog man Elfenbein, Gold, viele edle Hölzer, drollige Affen, kostbare Dinge also, die man gegen Salben, Honig, Textilien, Töpferwaren und Fayencen tauschte. Dem Alten Reich folgte eine Zeit der Anarchie und der Wirren, die zwei Jahrhunderte andauerte. Erst mit dem energischen Mittleren Reich (2040–1786 v. Chr.) wurde die Ordnung wiederhergestellt. Nun kam Ägypten endgültig nach Nubien und war nicht mehr bereit, sich wieder verdrängen zu lassen. Doch gab es eine Schwierigkeit: ein starker und gefürchteter Feind erzwang den Bau mächtiger Festungen, unter anderen bei Buhen und Semna.

Wer war dieser Feind? War es die C-Gruppe? Waren es andere? Man weiß es bis heute nicht. Aber der Feind war stark genug, die Festungen zu erobern und die Besiedlung durch Ägypter empfindlich zu stören, bis schließlich das Neue Reich mit der 18. Dynastie (1570–1310 v. Chr.) aufs neue seine Herrschaft in Nubien festigte.

Typisches Beispiel eines Grabes der sogenannten C-Gruppen-Kultur: die Grabkammer aus unbehauenen Steinen wird von einem Erdhügel überdeckt.

Die Festungen von Semna

Die Festungen von Semna und Kumma aus dem Mittleren Reich (ca. 1950 v. Chr.) lagen strategisch überaus günstig an einer durch Granitfelsen gebildeten Stromenge des Nils in Nubien.

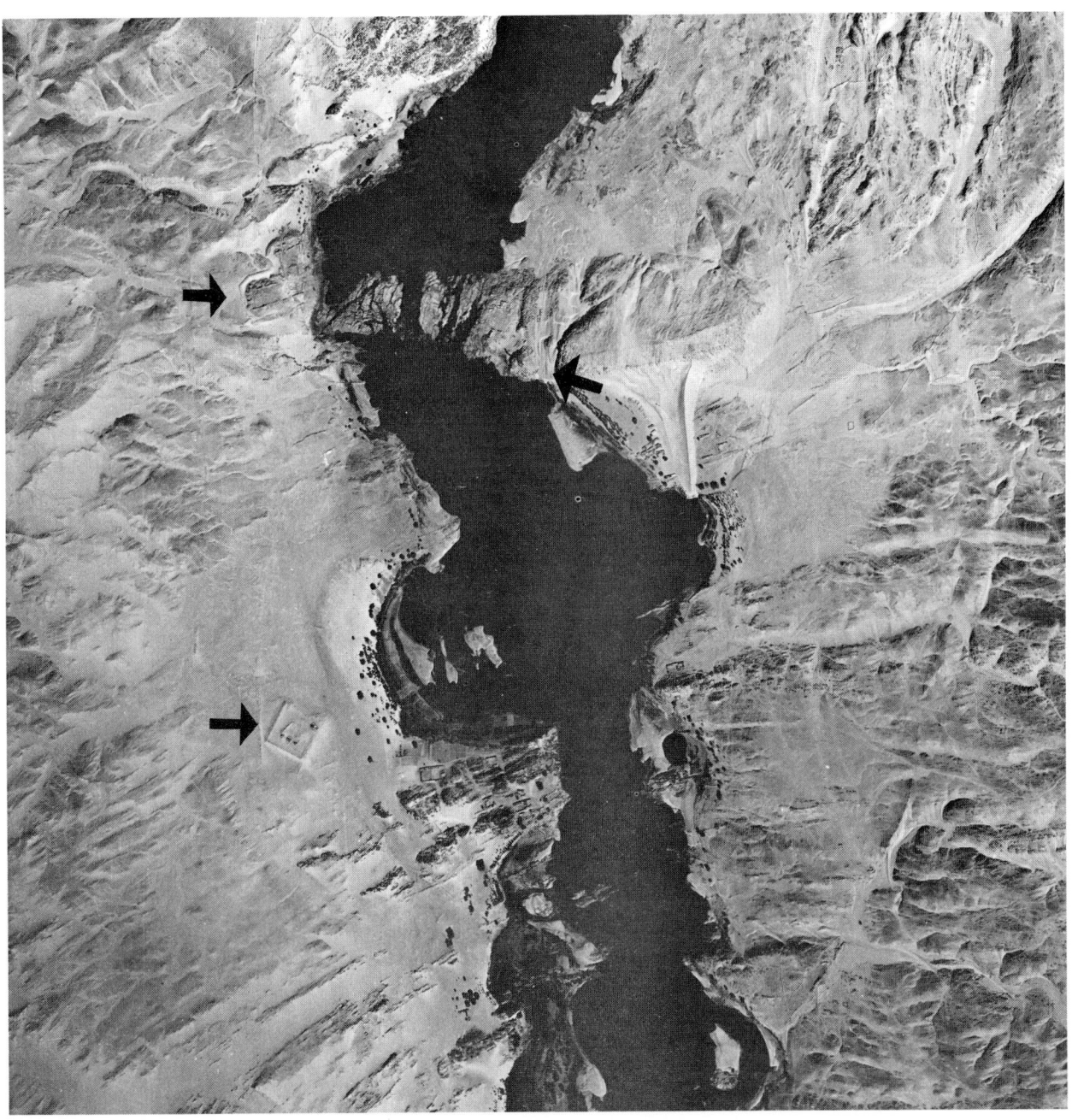

Das »Steinbett« – Batn el-Haggar – so lautet der Name, den die Araber jener riesigen Region gaben, wo die ältesten Granitformationen beinahe senkrecht die viel jüngeren Sandsteinschichten durchstoßen. Es war eine Mondlandschaft von erschreckender Schönheit. Und das einzige Leben darin, abgesehen von den Menschen, die sich hier niederließen, war der Nil, der sich mit unbändiger Kraft seinen Weg suchte; vorbei an steilen Felswänden, unzähligen Inseln, scharfen Graten und rissigen Plateaus. Hier hat der Nil wirklich den Charakter eines Kanals zwischen hohen Granitufern, die durch jahrhundertelang schnell hindurchströmendes Wasser glattgeschliffen sind. Beginnend beim Zweiten Katarakt, wo die Festungen von Semna lagen, reicht das »Steinbett« etwa 150 km weit bis nach Dal, wo die Felswände wieder zurückweichen und das Land breit und weitläufig wird.

Stets war das »Steinbett« der Korridor für den Machtkampf zwischen Ägypten und Nubien. Wer nach Norden oder Süden wollte, mußte hier durchkommen und mit den Widrigkeiten kämpfen, die Landschaft und Fluß ihm entgegenstellten. Bei Semna zum Beispiel ist der Durchbruch des Nils nicht breiter als 35 m, und schon von weitem hört man das Getöse des Stroms. Es hat durchaus einen Sinn, daß die stärkste Front der großen nubischen Festungen jeweils der Wüste zugekehrt ist. Den Nil beherrschte, wer die Macht besaß. Und es gibt keinen besseren Schutz als einen großen Strom mit reißenden Fluten. Doch anders die Wüste: von dort drohte stets ein neuer Feind. Unter diesen Feinden muß die C-Gruppe der gefährlichste gewesen sein – und auch der gefürchtetste. Klimatische Veränderungen zwangen sie, nach Norden zu ziehen. Klimatische Veränderungen übrigens, wie man sie heute in den Sahel-Gebieten von Nordafrika wieder erlebt. Der Regen blieb aus. Untersuchungen an Ort und Stelle bewiesen, daß das Land südlich des Zweiten Kataraktes bis zum Ende des dritten Jahrtausends ein Savannen-Gebiet war, grün vor Akazien. In dieser Savanne lebten die Tiere, die man heute nur noch auf Safaris beobachten kann. Etwa zu Beginn des zweiten Jahrtausends begann eine Zeit der Austrocknung, die schließlich dazu führte, daß sich das einst grüne Land in eine unfruchtbare Wüste verwandelte. Die Menschen, die dieses Land bewohnten – die C-Gruppe also –, besaßen als Viehzüchter große Herden. Darum waren sie gezwungen, nach Norden zu ziehen. Und sie drangen so weit vor, daß man ihre eigenartigen Gräber in ganz Nubien fand. Wie das Ende dieser C-Gruppe schließlich aussah, weiß man

Blick von der Festung Kumma über den Nil nach Semna-West.

nicht. Möglicherweise zogen sie in weiter entfernte Gebiete. Oder sie haben sich ganz einfach friedlich mit der ansässigen Bevölkerung vermischt.

Nacheinander, oft mit jahrhundertelangen Unterbrechungen, kamen die Besetzer Nubiens ins Land des »Steinbettes«, das wegen seines Goldes und der kostbaren Schätze Afrikas, die dort eingeführt wurden, berühmt war. Als gegen Ende der 6. Dynastie (2420–2258 v. Chr.) unter König Pepi II. der große Niedergang Ägyptens einsetzte, geriet auch Nubien in Vergessenheit. Es gab keine Karawanen mehr, und der Handel kam zum Erliegen.

Mit diesem totalen Stillstand war es vorbei, als mit der 12. Dynastie im Jahre 1991 v. Chr. ein Adliger aus Theben, Amenemhet I., Pharao über Ägypten wurde; eine neue Blütezeit begann. Ägypten verfügte nun über ein stehendes Heer gut ausgebildeter Soldaten, und damit griff es Nubien an. Diese 12. Dynastie begann auch den Bau der großen Festungen des Mittleren Reiches im »Steinbett«. Besonders die beiden Festen von Semna waren sehr wichtig, denn dort führte ein Nebenweg der berühmten und jahrhundertelang benutzten Straße nach Elephantine vorbei.

Der Archäologe Dr. W. Adams zeigt hier auf die Holzbalken, wie sie rings um das Fort von Semna-West als Verstärkung in den Ziegelstein-Mauern verwendet wurden.

Nubien fiel Amenemhet nicht als reife Frucht in den Schoß. Es dauerte ein Jahrhundert, ehe das »Steinbett« unter Sesostris III. (1878–1842) vollkommen unter Kontrolle war. Nun konnte die Festung von Semna eine andere Aufgabe übernehmen: den Ausbau eines Güter-Umschlaghafens ins eigentliche Ägypten für Gold, afrikanische Produkte und Vieh. Auch die Warentransporte nach Kerma, der Stadt am Dritten Katarakt tief im Sudan, gingen hier ab.
Thutmosis I. (1520–1508 v. Chr.) aus der 18. Dynastie brauchte weniger Zeit als Amenemhet I., um Nubien zu erobern, nachdem es sich gegen Ende des einst so mächtigen Mittleren Reiches wieder befreit hatte. Er schaffte es sogar, bis zum Vierten Katarakt weit unten im Sudan weiterzuziehen. Ägypten wandte nun eine neue Politik an. Keine militärische Besatzung mehr im strengen Wortsinn, sondern eine klug durchgeführte Ägyptisierung der nubischen Bevölkerung. Das führte schließlich dazu, daß Nubien langsam aber sicher von Ägypten absorbiert wurde. Die Kinder mächtiger und vornehmer Familien Nubiens wurden nach Ägypten geschickt, um eine vornehme ägyptische Erziehung zu genießen. In Nubien nahmen sie dann später wichtige Stellungen ein. Das höchste erreichbare Amt war das des Vizekönigs von Nubien. Wieder entstand reges Leben im »Steinbett« aber nun war es vor allem die Geschäftigkeit des Handels. Die C-Gruppe war verschwunden, und in Nubien war es so friedlich, daß die Goldgewinnung einen neuen Höhepunkt erreichte. Die Beziehungen zwischen Nubien und Ägypten hatten sich so gut entwickelt, daß Nubier sogar im ägypti-

schen Heer dienten und politische Ämter bekleideten. Die besten unter ihnen kamen vom Stamm der Madjai. Ihr Name wurde schließlich in der Umgangssprache zum Synonym für das Wort Polizei: ›Madjai‹.

Unter den vielen Festungen entlang des »Steinbettes« gehörten die drei von Semna zu den bedeutendsten. Semna-Ost wurde auch Kumma genannt. Semna-Süd war kleiner und möglicherweise auch nur eine Art Entsatz-Festung für den Ernstfall. Semna-West war die wichtigste und größte Festung. Der Grundriß hatte eine L-Form und maß 249×195 Meter, an keiner Stelle war auch nur ein Flecken ebener Fläche. Möglichen Angreifern boten sich nur schroffe Abhänge. Semna-West besaß zwei Tore, von denen aus man die Wüste kontrollierte. Sie lagen in der Nord- und in der Südmauer. Ein mit Granitpflaster befestigter Weg verband beide und verlief parallel zu einem Karawanenpfad am Ufer. Sämtlicher Verkehr zu Wasser und zu Land mußte beide Festungen passieren und stand also unter Kontrolle. Semna-Ost (Kumma) wurde 1966 untersucht und sein Tempel mit niederländischem Kapital abgebrochen. Die Art, wie ein deutscher Ingenieur dies bewerkstelligte, war einfach phantastisch! Er warf alle modernen technischen Verfahren über Bord und konzentrierte sich auf die der alten Ägypter – mit Erfolg!

Im Tempelinnern und an seiner Außenwand wurden Sand und Geröll bis zum Dach aufgeschüttet. Die Steinblöcke des Daches hob man zuerst ab – von einem ähnlichen Sand- und Geröllberg aus, wie sie 3500 Jahre zuvor auf die Mauern gelegt worden waren. Jeder Block wog ungefähr drei Tonnen, und vierzig Mann schleppten ihn mit Hilfe von Tauen den Berg hinunter. Als auf diese Weise das Dach entfernt worden war, trug man den Geröllberg etwas ab, und

Im Fort von Semna-West wurde in der 18. Dynastie ein Tempel errichtet, der dem Gott Dedun und dem gottgleichen Pharao Sesostris III. geweiht war.

Mit finanzieller Hilfe aus Belgien wurde der Tempel von Semna-West abgerissen und in der Nähe des Museums von Khartum wieder aufgebaut.

nun kamen die Mauern an der Reihe. Die Arbeit ging überraschend schnell vonstatten. Auch der Transport der Blöcke zum Nilufer verlief äußerst ungewöhnlich. Aus Mahagoniplanken (sehr hart!) legte man eine Art Bahngleis bis zum Ufer, etwa einen halben Kilometer lang. Durch das Klima Nubiens waren die Felsblöcke oft in schlechtem Zustand, deshalb wurden sie zuerst chemisch behandelt, in Tücher gehüllt und in Watte gepackt. Dann zimmerte man maßgerechte Kisten aus Mahagoni, die auf hölzerne Schlitten mit Stahlkufen gehievt wurden. So glitten sie über die hölzerne Schienenbahn zum Nil, wo bereits das nächste Transportmittel wartete: ein Floß aus Mahagonibalken und leeren Ölfässern. Das Floß war an einem schweren, flach über die tosenden Fluten des Stroms gespannten Stahlkabel befestigt. Am gegenüberliegenden Ufer wurden die Blöcke auf Lastwagen verladen und abtransportiert. Das Ziel war Khartum. Auch der Tempel von Semna-West nahm denselben Weg. Dort stehen sie nun, zusammen mit vielen anderen Kulturdenkmälern, an einem künstlich angelegten Flußlauf.

Beim Abbruch stieß man auf ungeheuer umfangreiche Funde. Denn die Grundkammern jedes Tempels waren noch vollkommen erhalten. Für das Fundament seines Tempels hatte Pharao Amenophis II. später verzierte Blöcke aus dem Tempel von Hatschepsut – übernommen von Thutmosis III. – benutzt. Die Grundkammer enthielt nicht weniger als 500 Objekte in Form von kleinen Töpfen, Vasen und anderem Gerät. Es waren Miniatur-Beispiele aller Hilfsmittel, die beim Bau benutzt worden waren; die Proben der Baumaterialien und Saatkörner müssen aus der Umgebung stammen.

Auch beim Tempel von Semna-West fand man eine ähnliche Grundkammer, allerdings mit kleinen, dünnen Goldplättchen voller Inschriften. Dieser Tempel war dem Gott Dedun und Sesostris III. geweiht; der Tempel von Kumma dagegen Chnum und Sesostris III. Daran erkennt man, welch große Verehrung Sesostris III. noch vier Jahrhunderte nach seinem Tod in Nubien genoß.

Der Tempel von Semna-West war auf den Fundamenten eines älteren Tempels errichtet worden, den Sesostris III. zur Erinnerung an den Festtag ›Die Troglodyten zurückgeschlagen‹ hatte bauen lassen. Das war im 16. Jahr seiner Regierung geschehen. Ein zweites Fest ›Die Fesselung der Barbaren‹ wurde ebenfalls in diesem Tempel begangen, wobei der Gemahlin Sesostris', der Königin Mereseger, Opfer dargebracht wurden.

Lepsius hatte schon im Jahre 1840 Semna besucht. Er fand dort zwei Stelen, die ihm historisch von größter Bedeutung schienen. Weil er sie ins Museum nach Berlin mitnehmen wollte, ließ er sie verpacken. Nun war die eine Stele zwar unversehrt, die andere aber in der Mitte durchgebrochen. Das Unterteil hiervon wurde separat in eine Kiste gepackt, und durch irgendwelche Irrtümer kam nur dieses eine Stück in Berlin an. Die unbeschädigte Stele und das Oberteil der zweiten blieben verpackt in Semna liegen. Weil Lepsius keine zweite Reise nach Nubien unternehmen konnte, verstrichen vierzig Jahre, ehe in dieser Angelegenheit wieder etwas geschah. Es war der Niederländer Jan Insinger, der Semna besuchte, die beiden Kisten fand und sie nach Kairo mitnahm, wo er bis 1899 blieb. In jenem Jahr endlich kaufte das Berliner Museum die unbeschädigte Stele und die beschädigte Hälfte der anderen an, die vierzigjährige Odyssee ging zu Ende. Der Text auf den beiden Stelen lautet: »Hier ist die Südgrenze im Jahre 8 Seiner Majestät Sesostris; kein *Nehesi* [Südländer] soll diese Grenze zu Land oder zu Wasser überschreiten, ausgenommen jener, der gesetzlich erlaubten Handel treibt auf Iken. Die *Nehesi* sollen so anständig wie möglich behandelt werden, aber bis in alle Ewigkeit soll kein Schiff der *Nehesi* an Semna vorbei stromabwärts fahren.«

Ägypten war und ist ein bürokratisches Land. Das zeigte sich schon, als man im Ramesseum von Theben nicht nur einen Papyrus mit einer Liste der nubischen Festungen fand, sondern einen zweiten mit Auszügen von Depeschen aus Semna und anderen Festungen. Sie waren aus der Zeit zwischen 1844 und 1841 v. Chr. datiert, als Amenemhet III. regierte. Empfänger war ein hoher Beamter in der Hauptstadt Theben, und dort waren sie für das eine oder andere Archiv kopiert worden. Im einzelnen meldeten die Berichte Ankunft und Abreise von Madjai und *Nehesi*.

Wie streng es von Amts wegen zuging, geht aus der Tatsache hervor, daß die Menschen aus der Gegend von Semna – der Festungs-Name bedeutet »Sesostris ist mächtig«, und das wurde jedem stets aufs neue klargemacht – nur nach Norden durften, wenn sie einen Passierschein vorzeigen konnten. Selbst dann durften sie kein Vieh mitnehmen. Das scheint auf den ersten Blick eine merkwürdige Vorschrift, aber man muß bedenken, daß sowohl die Madjai als die Nehesi ohne Vieh nicht lebensfähig waren. Sie waren also gezwungen, spätestens nach einem Tag wieder zurückzukehren.

Der erste, der Semna gründlich untersuchte, war der amerikanische Ägyptologe Reisner. Er fand dort, wie auch in den anderen nubischen Forts, zahlreiche Tonstempel mit Siegeln. Reisner entdeckte, daß der Tempel von Semna-West noch ein Dach hatte und daß beide Tempel wichtige Inschriften aufwiesen, die Lepsius bereits registrierte und übersetzte. Weil sich in der Ägyptologie das eine oder andere geändert hatte, unternahm es die *Exploration Society*, zusammen mit der *Brown University* aus den USA, die Tempelinschriften noch einmal von Caminos, einem Spezialisten auf diesem Gebiet, prüfen zu lassen. Die Untersuchung der Felseninschriften wurde deutschen Ägyptologen übertragen. 1963 war Caminos mit dem Kopieren der Texte aus beiden Tempeln fertig. 1964 wurde der Tempel von Semna-West abgebrochen, 1966 der von Kumma. Beide wurden zum Wiederaufbau nach Khartum transportiert.

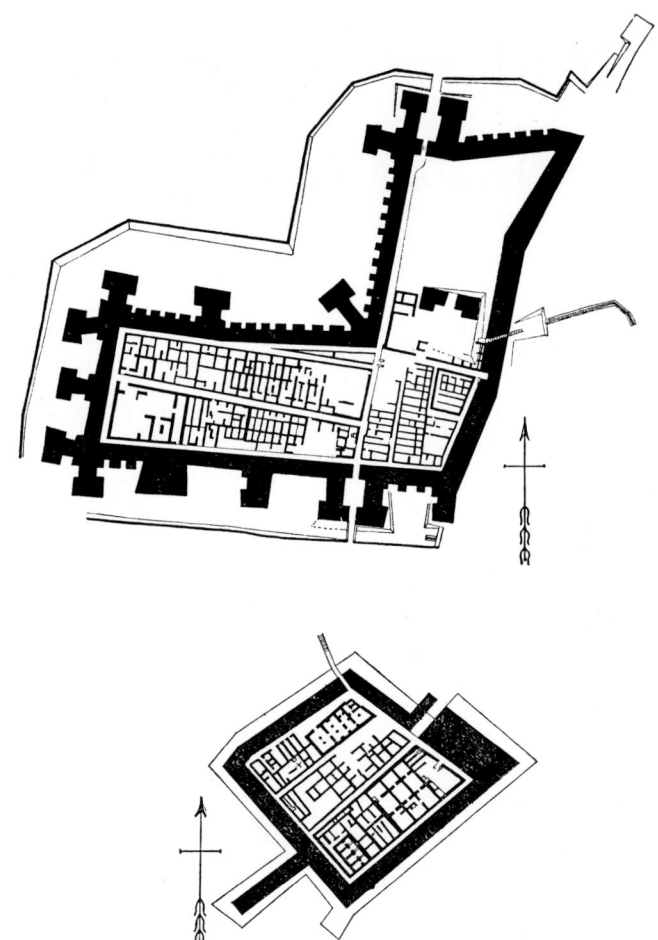

Die Grundrisse der Festungen von Semna-West und Kumma lassen erkennen, wie sehr diese Festungsanlagen aus dem 20. Jahrhundert vor Christus unseren mittelalterlichen Burgen gleichen. Ähnlich verwandt war denn auch ihre Bestimmung: diese Zwingburgen sollten das unruhige Nubien in Zaum halten und die Handelsschiffahrt nach Süden sichern.

Rechts: Die Feste Mirgissa aus dem Mittleren Reich bewachte – strategisch ideal gelegen – den Dritten Nil-Katarakt. Das Luftbild zeigt deutlich die wilde Landschaft der Stromschnellen.

Die Festungen von Mirgissa, Uronarti, Askut und Serra

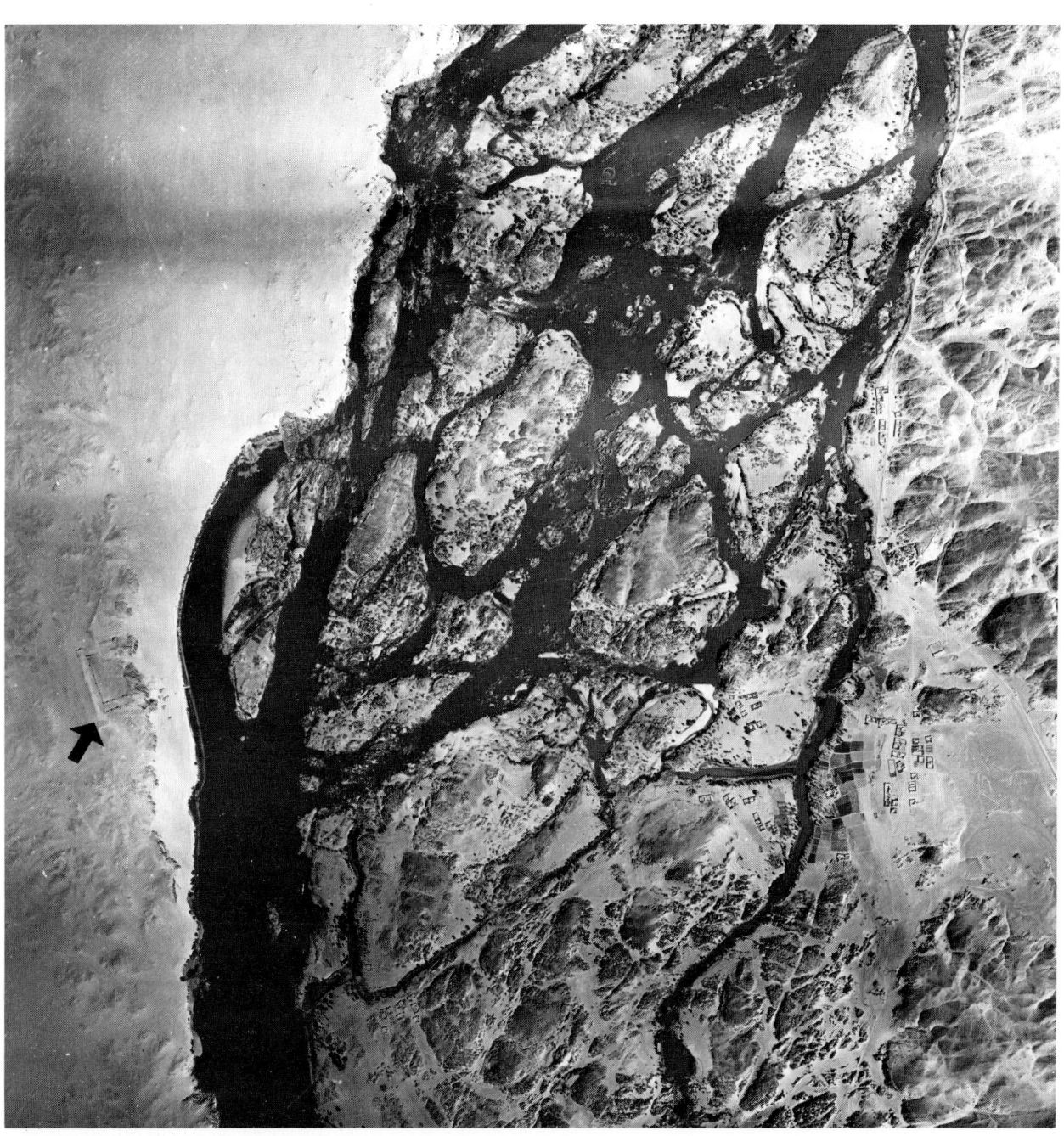

Die großen Festungen, die Verteidigungsanlagen der ägyptischen Macht längs des Nils in Nubien, konnte man nicht retten: sie waren aus Ziegelsteinen errichtet. Aber man wollte sie wenigstens noch untersuchen, vermessen und fotografieren, soweit es die begrenzte Zeit erlaubte. So sind die Bauwerke entlang der gefährlichen Katarakte, die eine ideale Verteidigungslinie bildeten, zumindest auf Dokumenten und Filmen festgehalten.

Die größte Befestigungsanlage ist das Fort von Mirgissa, das von französischen Wissenschaftlern ausgegraben und untersucht wurde. Beeindruckend ist die große Mühe, die man aufwendete, um diese Zitadelle in der für sie so typischen Weise zu errichten. Millionen Ziegelsteine, verstärkt durch Tausende Holzpfähle von oft 7 m Länge, dazu Matten aus Halfagras, waren das Baumaterial, aus dem man die riesigen Mauern errichtete.

Die Festung Mirgissa bildete ein Rechteck von 300 × 200 Metern. Mit einem Nebenfort auf der gegenüberliegenden Nilseite konnte sie den gesamten Nilverkehr, wenn nötig, blockieren. An der Ostseite ragten die Mauern steil von den Klippen empor; die Mauern der Nord- und Südseite waren zusätzlich durch die Felsspalten geschützt, die sich wie natürliche Schächte vom Gipfel bis hinunter zum Nil erstreckten.

Reisner hatte Mirgissa schon in den dreißiger Jahren untersucht und umfangreiche Aufzeichnungen hinterlassen. Doch als er 1942 starb, wurden nur kleinere Auszüge daraus publiziert. Französische Forscher, die nach 1960 kamen, fanden die Wehrtürme, Bastionen und Wälle unter einer riesigen Decke von Flugsand begraben. Ein Vorteil, wie sich herausstellte: diese Sandschicht hatte das Mauerwerk bestens konserviert, die Mauern standen noch bis zu zehn Meter hoch, und die Treppen waren vollkommen erhalten. Die Wehrgänge erstreckten sich über eine Länge von einem Kilometer am Fluß entlang.

Mirgissa ist im Mittleren Reich erbaut worden, und die Kasernen im Festungsinnern wurden mit großer Präzision entworfen und angelegt. Merkwürdigerweise war jedes Haus von einer Mauer umgeben. Auch die Konstruktion der Wälle war anders als sonst üblich, vor allem waren sie so gebaut, daß sie unmöglich unterminiert werden konnten. Bei den Mauern aus Ziegelsteinen legte man zuerst über die ganze Länge eine Schicht Steine, erst dann kam die nächste Lage. Nach einer bestimmten Anzahl Steinlagen fügte man Matten aus Halfagras dazwischen und darauf Holzpfähle – die Rinde wurde nicht ab-

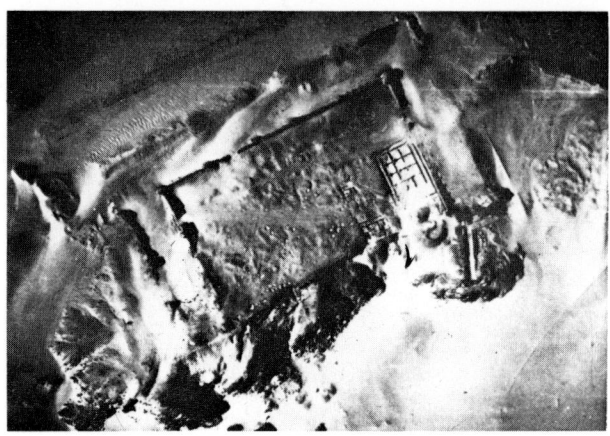

Die rechteckige Festung Mirgissa, in der Ecke der Tempel aus der 18. Dynastie.

geschält – quer zur Längsrichtung der Mauer. Dann folgte die nächste Ziegelschicht. Dadurch erhielt die Mauer eine besonders große Festigkeit und war in der Tat unzerstörbar. Die hölzernen Pfähle staken mit beiden Enden aus den immerhin fünf Meter dicken Mauern!

Woher holte man wohl all das Holz?

Eine zweite Besonderheit stellten die Luftschächte in der Westmauer dar, die insgesamt eine Länge von 184 Metern aufwiesen. Im Durchschnitt waren diese Luftschächte fünf Ziegellagen hoch und einen Stein breit, also ziemlich groß. Sie sollten den von den Ägyptern so ersehnten »kühlen Nordwind« auffangen und durch das Mauerwerk leiten, das dadurch vor Feuchtigkeit und allzugroßer Hitze bewahrt blieb. Auch die Bewohner der Festungen müssen von dieser Klima-Anlage profitiert haben, denn als die Archäologen dort arbeiteten, war der Luftzug deutlich zu spüren.

Rechts: Nur noch Fotos zeugen von den mächtigen Mauern der Festungen des Mittleren Reiches (hier Mirgissa am Dritten Katarakt). Da die Mauern aus Ziegelsteinen errichtet waren, konnte man sie nicht retten.

Einer der überraschenden Funde von Mirgissa war diese Slip-Bahn für Schiffe. Mit ihrer Hilfe konnte man die gefährlichen Stromschnellen ›umfahren‹.

Der Blick ins Innere der Festung Serra-Ost vermittelt einen Eindruck davon, wie mächtig diese Bauwerke aus Ziegelsteinen waren: sie trotzten den Jahrhunderten, aber dem Wasser des Nasser-Sees waren sie hilflos ausgeliefert.

Im Jahr 1964 begann man damit, Antwort auf die Frage zu suchen: Wer hat die Festung gebaut und wann? Daß es Sesostris I. war, steht nun fest. Ebenso, daß das verfallene Fort in der 18. Dynastie (1570–1314 v. Chr.) wieder aufgebaut und modernisiert wurde. Darauf weist eine Weihetafel hin mit dem Namen von Amenophis III. (1405–1367 v. Chr.). Einer der bedeutendsten Funde von Mirgissa war eine kleine, Hathor geweihte Kapelle. Sie war wenig sorgfältig aus Ziegelsteinen erbaut und enthielt Amulette, Skarabäen, Perlen, Körbe, Tonscherben und Fruchtbarkeits-Symbole, außerdem fanden sich fünf kleine Stelen. Eine dieser Stelen beantwortete die Frage, warum ausgerechnet Mirgissa eine so wichtige Festung war.

Die kleine Stele aus Holz war Hathor geweiht: der Schutzgottheit von Iken. Damit kannte man den alten Namen von Mirgissa. Dieses Fort war das fast legendäre Iken, das in der Kolonisation Nubiens eine so große Rolle spielte, denn es war der bedeutendste Hafen am Nil, der Umschlagplatz für die Waren aus Nubien. Iken war auch der Ort, an dem kein Nubier sich aufhalten durfte, es sei denn, er lieferte Waren ab; Sesostris III. hatte diese Verordnung in Semna erlassen, weil Iken mitten im militärischen Sperrgebiet lag.

Schon Reisner entdeckte in Mirgissa eine Fülle interessanter Dinge, wie die Reste der Doppeltore, mit denen die beiden Festungsausgänge geschlossen werden konnten. Diese Tore waren aus Holz und von beeindruckender Größe, wie man aus den Resten der Balken schließen kann: der untere Teil bestand aus sechs Balken nebeneinander, jeder 17,5 cm breit und mindestens 7,5 cm dick. Verschlossen wurde jedes Tor durch einen Riegelbalken, der 30 cm im Quadrat maß. Solche starken Holzstämme aber gab es weder in Ägypten noch in Nubien. Sie müssen also importiert und per Schiff nach Mirgissa gebracht worden sein.

Die Räume in der Festung waren aufwendig gestaltet. Säulen aus rotgefärbtem Holz trugen die Decke. In den Zimmern gab es in geheimen Nischen sogenannte »Verfluchungs-Texte« mit dem Namen all jener Völker und Stämme, die man als Feinde betrachtete. Ebenso fand man zahllose Ton-Abdrücke von Siegeln, mit denen Briefe und Pakete verschlossen wurden.

Wer waren diese Menschen, die die Festung verteidigen, die Stadt verwalten und den Handel in Gang halten mußten? In den Garnisonen waren es Infanteristen des ägyptischen Heeres, Männer, mit Pfeil und Bogen bewaffnet, mit Schleuder, Speer und

Streitaxt und, zum eigenen Schutz, dem großen Schild aus schwerem Leder. In unruhigen Zeiten unternahmen sie Erkundungen, befuhren den Nil als eine Art Wasserschutzpolizei, und gewiß mußten sie auch in der Zivilverwaltung mithelfen, wenn in den Monaten Dezember bis Juli der niedrige Wasserstand des Nils die Schiffahrt fast zum Erliegen brachte. Nur kleinere Schiffe konnten ganzjährig verkehren, und von ihnen hing deshalb die Versorgung der Festungen ab. Gelöscht und beladen wurden diese Schiffe an den schweren, gemauerten Kais am Nilufer.

Einer der größten Funde während der ersten Grabungen von Vercoutter war gewiß die Slip-Bahn für Schiffe, die nördlich der Festung unter dem Sand zum Vorschein kam und bewies, daß man schon sehr früh die gefährlichen Katarakte umgangen hat. Es war ein zwei Kilometer langer Damm aus Holzpfählen, die wie die Schwellen eines Eisenbahndammes in 40 cm Abstand verlegt waren. Darauf kam eine dicke Schicht Nilschlamm, denn dieser Schlamm wird bei Nässe besonders glitschig. Ein Schiff, von einer ausreichenden Anzahl Männer gezogen, konnte auf diese Weise die Katarakte bequem umgehen.

Das ›Slippen von Schiffen‹ wird in den alten Texten regelmäßig erwähnt, aber man hatte sich bis dahin nicht viel darunter vorstellen können. Erst diese Entdeckung brachte Klarheit. Das ›Slippen von Schiffen‹ schien in Nubien eine ganz alltägliche Sache gewesen zu sein, denn man fand noch weitere Bahnen. Man entdeckte sogar noch die Fußspur des letzten Mannes, der damals über diese Schiffsstraße stapfte. Die Fußabdrücke sind im hartgewordenen Schlamm deutlich sichtbar . . .

1963 begannen Frankreich und Argentinien mit Grabungen auf der großen Sandfläche, die sich zwischen Festung und Fluß erstreckt. Dabei fand man Hunderte Gräber, aber nicht von alten Ägyptern, sondern von den Kämpfern, die hier unter dem Kommando des berühmten Mahdi gegen den ebenso berühmten britischen General Gordon ums Leben kamen. Man weiß noch nicht genau, ob sie im Kampf fielen oder das Opfer einer Cholera-Epidemie wurden.

Erfreulicher waren andere Funde, etwa das schöne Kerma-Tongeschirr. Kerma liegt 150 km südlicher als Mirgissa. Obwohl die Kerma-Kultur typisch afri-

Auch bei Schelfak wurde eine Festung aus dem Mittleren Reich (ca. 1900 v. Chr.) ausgegraben.

kanisch war, gab es enge Kontakte mit Ägypten. Das Gräberfeld von Mirgissa blieb der nördlichste Punkt, an dem diese Tonwaren auftauchten. Sie müssen den Herrschern Nubiens sehr gefallen haben, denn jeder, der ein Stück davon besaß, nahm es mit ins Grab, um sich auch im Jenseits noch daran erfreuen zu können. Sie, die hier lebten und arbeiteten (und starben!), in diesem gewaltigen Fort, das den stolzen Namen ›Zwingburg der Oasen-Bewohner‹ führte, sie gönnten sich schon die eine oder andere Annehmlichkeit, die das Leben hier draußen erträglich machte. Denn der Aufenthalt in Mirgissa war gewiß nicht für jeden ein Vergnügen.

Uronarti lag auf einer Insel, die in der Neuzeit Dschesiret el-Malik genannt wird, ›Königsinsel‹. Die Bedeutung dieser Insel wurde schon zu Beginn unseres Jahrhunderts erkannt, als man eine interessante Stele fand, aufgestellt »im Jahre 16, im 3. Monat der 2. Jahreszeit« aus Anlaß der Errichtung eines Forts, das den Namen Chesef Junu erhielt: ›Die Troglodyten werden erschlagen‹; diese Troglodyten waren gefährliche Wüstenbewohner. Die Datierung weist auf das 16. Regierungsjahr Sesostris' III. (1862 v. Chr.) hin.

Im Jahre 1930 grub Reisner das dreieckige Fort auf einem der beiden Hügel der Insel aus. Die sonderbare Form der Feste war durch das Gelände bedingt. Man konnte hier keine rechteckige Festung bauen. Eine sehr schöne ›Wassertreppe‹ bildete den Zugang zum Nil, damit die Bewohner Wasser holen konnten, denn es gab keine Brunnen. Eine Überdachung aus Steinplatten schützte die Treppe wie auch die Träger des kostbaren Naß. Uronarti verfügte ebenfalls über große, mit Türmen besetzte Wälle, und die Mauern, zwischen fünf und sieben Meter dick, waren in derselben Weise mit Holz und Matten verstärkt wie in Mirgissa. Innerhalb der Festung entdeckte Reisner das schöne Haus des Kommandeurs, Büroräume und Lagerhäuser. Uronarti barg auch rund 5000 Tonstempel, von denen 3473 Privatpersonen als Siegel dienten, 47 waren amtliche Siegel.

Sesostris III. war von Uronarti nicht sehr angetan. Er klagte über »das schlechte Wasser« und meinte damit keineswegs das Trinkwasser, sondern den ungünstigen Pegelstand des Stromes, wenn bei Niedrigwasser die Schiffe über die Slip-Bahn gezogen werden mußten; denn das kostete jedesmal viel Zeit. Reisner glaubte auch feststellen zu können, daß Uronarti niemals erobert worden ist.

Das war jedoch der Fall bei der Festung von Askut, die auf einer langen, schmalen Insel lag und zum er-

Eine hölzerne Stele bestätigte den ursprünglichen Namen der Feste von Mirgissa: den bereits aus anderen Quellen bekannten Hafen Iken.

sten Mal 1968 von einem Team der Universität von Kalifornien untersucht wurde. Askut hatte eine rechteckige Form; die Mauern waren sieben Meter stark und auf die schon bekannte Weise mit Ziegelsteinen, Matten und Pfählen gebaut. Hinter dem großen Tor lag ein Platz, von dem strahlenförmig die Straßen ausgingen. Es gab eine Hauptstraße mit Magazinen und der Kommandeurswohnung an der

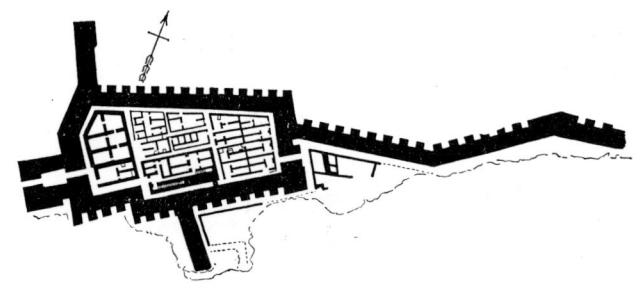

Grundriß der Festung von Schelfak.

Ostseite sowie geräumigen Wohnbauten an der Westseite. Die Luftziegel dieses Platzes waren rot wie Backsteine – die Folge eines furchtbaren Feuers, das hier gewütet haben muß. Eine sorgfältig überdachte Wassertreppe führte zum Nil hinab. An ihrem Fuß fand man eine Inschrift, die sich auf den Pegelstand des Nils während der Regierung des Königs Sechemkarê bezieht. Er war der zweite König der 13. Dynastie (ca. 1770 v. Chr.).

Wer Kommandant von Askut wurde, konnte von Glück sagen, denn ihm stand das schönste Kommandeursgebäude zur Verfügung. Dieses Haus verfügte sogar über zwei Badezimmer mit einem Abfluß aus Tonröhren in den Kanal, der unter der Hauptstraße verlief. Auch der Laden des Barbiers wurde gefunden. Dort lag noch das Rasiermesser aus Feuerstein (haarscharf!) auf dem Boden, dazu Büschel abgeschnittener schwarzer Locken. Das könnte ein Indiz dafür sein, daß die Stadt plötzlich und in panischer Eile geräumt wurde.

Die Festungen von Serra waren die nördlichsten Bollwerke gegen den gefürchteten Feind aus dem Süden. Serra-West trug den Namen ›Die Madjai zurückgeschlagen‹. Auch dieses Fort wurde zu Beginn des Mittleren Reiches errichtet. Wie die anderen Festungen war es aus Ziegelsteinen erbaut. Die auf dem anderen Ufer gelegene Festung Serra-Ost, 30 km nördlich der noch zu behandelnden Feste Buhen, bildete mit der Stadt Kuban eine Verteidigungslinie an dieser Nilseite im nördlichen Nubien. Wurde Serra-Ost, genau wie Kuban, zum Schutz der Straße aus dem Osten gebaut? Oder gab es in diesem hügeligen Wüstenlandstrich wichtige Goldminen? Bei den Ausgrabungen, die das Orient-Institut von Chicago in den Jahren 1962 und 1963 durchführte, fand man einen aus Ziegelsteinen gemauerten Hafen. Also war auch Serra offensichtlich eine bedeutende Handelsstation während der 18. Dynastie, als Nubien eine ziemlich friedliche Epoche durchlebte. Serra-Ost, so weiß man heute, war auch in christlicher Zeit noch ein wichtiger Platz. Die große Zitadelle auf dem Berg bot den nötigen Schutz, wenn die Wohnsiedlungen längs des Nils angegriffen wurden. Innerhalb der Festungsmauern fand man dreißig große Häuser und eine Kirche, außerhalb der Wälle standen noch drei Kirchen. Alle Gebäude waren aus Ziegelsteinen gebaut, und anhand der gefundenen Keramiken kann man sie ins 13. und 14. Jahrhundert datieren.

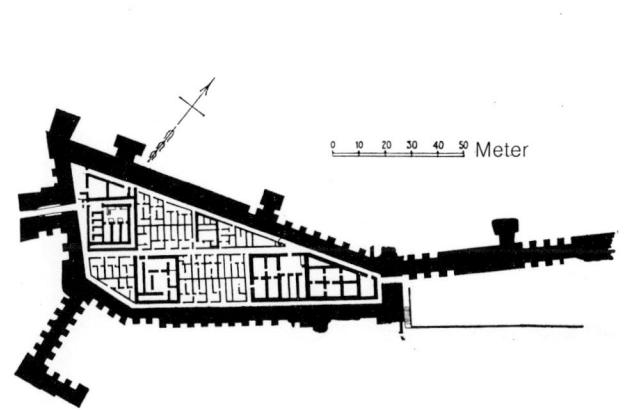

Grundriß des Forts auf der Insel Uronarti.

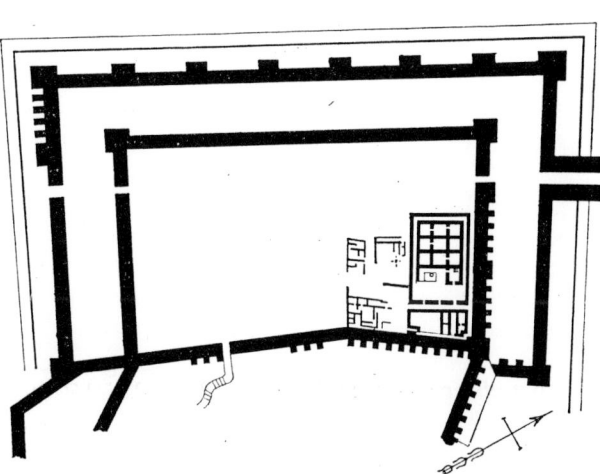

Grundriß der rechteckig angelegten Festung von Mirgissa.

Festung und Tempel von Buhen

Die Festung von Buhen barg – obwohl man sich wegen des steigenden Wassers mit den Ausgrabungen beeilen mußte – mehr Überraschungen als manches andere Objekt in Nubien. Die Ausgrabungen durch die *Egypt Exploration Society* unter Leitung von W. B. Emery halfen, manche Lücken im Wissen über die ägyptische Geschichte zu schließen. Viele Thesen mußten revidiert werden. Nubien war offensichtlich schon lange vor der bis dahin angenommenen Zeit für Ägypten von Bedeutung gewesen.

Es war jedoch Emerys Frau, die eine der größten Entdeckungen machte, als sie mit ihren Hunden einen Spaziergang am Nil entlang unternahm. Sie fand einige Kilometer nördlich der Festung am Ufer eigenartig grünliche Steinbrocken. Emery – obwohl wegen der Ausgrabungen rings um die Feste in arger Zeitnot – ging selbst hin, um den Fund seiner Frau in Augenschein zu nehmen. Es schien Kupfererz zu sein ...

Aber zuvor noch ein paar Angaben über das gewaltige, praktisch uneinnehmbare Fort von Buhen, das – aus Ziegelsteinen gemauert – in bezug auf strategische Planung und ausgeklügelte Verteidigungstechnik sogar die besten Festungen und Burgen des Mittelalters übertraf.

Am westlichen Nilufer lag die alte, von Mauern umgebene Stadt Buhen, eigentlich ein riesiges Fort, im Mittleren Reich als ägyptische Kolonie in Nubien gegründet. 1926 war von diesem Fort jedoch nicht mehr viel übrig, und das, was zu sehen war, stammte aus der 18. Dynastie (1570–1314 v. Chr.). Innerhalb der Festung befand sich in der nördlichen Ecke ein Tempel, den Pharao Ahmose I. gebaut hatte. (1570–1545 v. Chr.). Dieser Tempel war aus Ziegelsteinen errichtet, nur die Säulen des ersten Hofes und die Torpfosten bestanden aus Naturstein. Ungefähr 40 Meter entfernt stand ein zweiter, der südliche Tempel, ein Sandsteinbau. Die Mauern und Säulen zeigten Abbildungen von Pharao Thutmosis II. und Königin Hatschepsut. Dieser Tempel wurde 1963 und 1964 abgetragen, nachdem Großbritannien und die USA die nötigen Mittel bereitgestellt hatten. Später stellte man ihn im Park des Museums von Khartum (Sudan) wieder auf. Die Festung Buhen selbst sowie der andere Tempel liegen auf dem Grund des Nasser-Sees. Beide waren aus Luftziegeln errichtet und deshalb nicht zu retten; im Wasser lösen sie sich nun allmählich auf, denn die Ziegelsteine sind nichts anderes als in der Sonne getrockneter Nilschlamm. Aber durch die gründlichen Untersuchungen von Emery und seinem Team blieben der Tempel und die Festung wenigstens in Fotos, Beschreibungen und Meßwerten erhalten.

Der Tempel erstreckte sich in Ost-West-Richtung. Direkt am Nilufer stand noch der Rest eines aus Ziegeln errichteten Pylons (des von festungsartigen Türmen flankierten Tempeltors), dessen südlicher Turm sogar als Ruine noch eine beträchtliche Höhe aufwies. Auch dieser Pylon konnte nicht gerettet werden. Der Tempel selbst trug Reliefs und Inschriften unter anderem von Thutmosis III., die in der 20. Dynastie (1200–1080 v. Chr.) durch Beamte erweitert wurden, aber man fand auch griechische und meroitische Texte. Auf einer Säule schildert eine umfangreiche Inschrift die Heldentaten Thutmosis' III. Hinter der Halle lag der eigentliche Tempel, dessen Rückwand der Felsen bildete. Säulen trugen an drei Seiten die Decke der querliegenden Vorhalle, das Sanktuarium und einige andere Räume schlossen daran an. Die Reliefs auf den Wänden stellen den Pharao und einige Gottheiten dar und tragen noch Spuren der ursprünglichen Farbe.

Buhen war eines der bedeutendsten Zentren der ägyptischen Herrschaft im fernen Süden, es war der erste von sieben Brückenköpfen im Gebiet des Zweiten Katarakts. Über nicht weniger als 90 km, bis nach Semna, erstreckte sich diese Verteidigungskette, die praktisch unüberwindlich war. Zum ersten Mal wurde die Festung von Buhen im Jahre 1910 erforscht, desgleichen die Gräber in der Umgebung. 1957 kam Emery mit seiner Expedition. Zum Glück war Wüstensand als schützende Decke über den gesamten Komplex geweht und hatte jedwede Erosion verhindert.

Dank seiner Funde konnte Emery die Festung ins Mittlere Reich datieren, etwa 2000 v. Chr. Buhen war eine rechteckige Stadt, umgeben von einem Burggraben und einer gewaltigen Stadtmauer, die an besonders wichtigen Stellen etwa fünf Meter stark war. Es gab noch eine zusätzliche äußere Verteidigungslinie: einen Wall mit Wehrgang und Schießscharten, davor ein weiterer aus dem Felsen gehauener Graben. Auf dem äußeren ›Ufer‹ dieses Grabens erhob sich eine Mauer aus Ziegelsteinen mit einem

◁ Ausgrabungen innerhalb der aus dem Mittleren Reich stammenden Festung Buhen und auch Grabungen in der Umgebung lieferten zahlreiche neue Erkenntnisse. Schon um 2600 v. Chr. bestand an dieser Stelle offenbar eine ägyptische Siedlung, die von großer Bedeutung für die Kupfererz-Gewinnung war.

Auch im Neuen Reich wurde die Feste Buhen benutzt. Aus jener Zeit (ca. 1450 v. Chr.) stammt dieser Tempel: mit finanzieller Hilfe aus dem Ausland konnte das Bauwerk abgetragen und beim Museum von Khartum wieder neu aufgebaut werden.

überdachten Wehrgang, von dem das Gelände kontrolliert werden konnte. Aus den Wällen sprangen runde Bastionen mit Doppelreihen von je drei Schießscharten vor. Die Maueröffnungen waren nach einem raffinierten System angebracht: so konnten die Bogenschützen sowohl kniend wie stehend schießen und durch die drei Öffnungen das gesamte Gelände überblicken. Ein Angriff auf diese Festung muß nahezu aussichtslos gewesen sein, denn der Pfeilregen aus allen Richtungen wehrte alles und jeden ab.

Der überdachte Gang bildete die erste Verteidigungslinie. Wurde diese wider Erwarten erobert, erwartete den Feind der große Graben. Konnte er diesen durchqueren, mußte er eine glatte Mauer erklimmen – um nichts weiter zu erreichen als wieder einen gepflasterten Weg am Fuß der 10 Meter hohen Mauer, die, ohne jeden Vorsprung, das Hinaufklettern unmöglich machte. Wer unten an der Mauer stand, war dem Hagel herabprasselnder Geschosse und Gegenstände schutzlos ausgeliefert. Auch das große Festungstor war praktisch uneinnehmbar. Die Toranlage bestand aus einer Einfahrt von ungefähr drei Meter Breite. Durch zwei gewaltige Türen aus dicken Holzplanken wurde die Zufahrt hermetisch verriegelt. Eine auf Rollen verschiebbare Brücke konnte eingezogen werden, wenn der Feind angriff. Gut ausgebildete Garnisonstruppen machten solche Bollwerke daher uneinnehmbar. Welches militärische Genie solche Festungsanlagen ersann und baute, werden wir wohl niemals erfahren. Tatsache bleibt, daß sie hundert Jahre später noch ebenso wirksam blieben – denn solange hat es mindestens gedauert, bis das letzte Glied dieser Abwehrkette geschlossen war. Nebenbei lassen uns diese Festungen ahnen, welch ungeheuren Respekt die Ägypter vor ihrem südlichen Feind in Nubien hatten, von dem sie sonst so herablassend redeten.

Gegen Ende der nächsten Dynastie ging Ägyptens Herrschaft weitgehend wieder verloren. Die Truppen von Kusch rannten gegen die Festung Buhen an.

1. Der Tempel von Kalabscha an seinem neuen Standort südlich des Hochdammes bei Assuan.

2. ›Mammisi‹ (Geburtshaus) neben dem Tempel von Kalabscha.

3. Der erste Innenhof im wieder aufgebauten Tempel von Kalabscha.

4. Eine der Fresko-Malereien aus der Kathedrale von Faras: der Erzengel Michael.

Den Ablauf der Geschehnisse konnte Emery anhand zahlreicher Funde genau rekonstruieren.

Im Jahre 1959 wurde auch die Stadt freigelegt, und man fand das prächtige Haus des Festungs-Kommandanten. Es stand direkt an der Festungsmauer und hatte über eine Treppe unmittelbar Zugang zu den Wällen. Das Haus war einstöckig. In zwei Hallen trugen rotbemalte Holzsäulen die Decke, die Mauern waren verputzt und angestrichen und der Fußboden aus Ziegelsteinen mit einem Estrich aus Gips bedeckt. Hier konnte ein Kommandant es einigermaßen aushalten!

Ein anderer Fund bestand aus zahllosen kleinen Tonsiegeln, wie man sie zum Versiegeln der Papyrusrollen benutzte, wobei man die Rolle mit einer Schnur zuband und diese mit dem Siegel versah. Alle Rollen stammten aus der 12. Dynastie.

Die Pharaonen der 18. Dynastie, die Nubien wieder zu ihrem Herrschaftsbereich zählten, erneuerten in der Feste von Buhen auch die Mauern aus dem Mittleren Reich. Die große Zitadelle verwandelte sich in eine blühende Stadt. Auch der Stadtteil außerhalb der Wälle erhielt eine neue Verteidigungsanlage. Türme und unregelmäßig hervorspringende Mauerteile lösten nun die runden Bastionen früherer Epochen ab, denn sie waren der modernen Kriegsführung angepaßt. Die Hauptmauer wurde 12 m hoch und 5 m dick. An ihrem Fuß legte man eine neue gepflasterte Straße an, und der Graben wurde zu einer Art Tiefstraße ausgebaut. Alles darunter blieb rund 15 Jahrhunderte lang unberührt. Als man die gepflasterte Straße aus der 18. Dynastie entfernte, fand man unversehrt das Fort aus dem Mittleren Reich.

In der 18. Dynastie muß die Feste großes Aufsehen erregt haben. Sie war weiß verputzt und im grellen Sonnenlicht schon von weitem zu sehen. Die Stadt hatte zwei Tempel, öffentliche Gebäude, natürlich auch Unterkünfte für die Truppen sowie Werkstätten und Lagerräume für den Goldhandel. An den Nil-Kais ankerten die Schiffe, die das Gold nach Norden und den Nachschub für die Ägypter nach Süden transportierten. Es muß damals ein überaus reger Schiffsverkehr geherrscht haben, denn sämtliche Bedarfsgüter in Buhen kamen von weither. Seine Bewohner hatten in jener Zeit offenbar einen relativ hohen Lebensstandard. Die kühleren Wintermonate waren die Zeit des dichtesten Verkehrs. Dann kamen per Schiff die Kontrolleure und die Steuereinnehmer aus dem Norden, die den Tribut kassierten, den Nubien dem Pharao schuldete. Es war auch die Zeit der großen Karawanen, die die

Lebenswichtig für jede Festung war die ›Wassertreppe‹ zum Nil hinab. Bei Buhen fand man diese noch sehr gut erhaltene Treppe.

Schätze aus dem Süden herbeischafften: Gold und Silber, Elfenbein und Straußenfedern, das Fell von Panthern und anderen, seltenen Tieren.

Die Entdeckung jener grünlichen Steine durch Emerys Frau übertraf alles, was die Archäologen an der Stelle bisher gefunden hatten. Es stellte sich dabei heraus, daß Buhen 950 Jahre älter war, als man angenommen hatte. Bei den Ausgrabungen stieß man schon bald auf eine Mauer aus Ziegelsteinen und auf eine Menge roter Keramik-Scherben, wie sie für die 4. und 5. Dynastie (2680–2420 v. Chr.) typisch ist. Auf einer der Tonscherben stand mit schwarzer Schrift der Name des Pharao Kakai aus der 5. Dynastie, dadurch konnte der Fund genau datiert werden. Außerdem fand man Firmensiegel von Töpfern mit Namen der Pharaonen aus der Pyramidenzeit. Es handelte sich also einwandfrei um eine ägyptische Niederlassung, die damals – seit dem 27. Jahrhundert vor unserer Zeitrechnung und 950 Jahre vor der Erbauung Buhens – dort bestanden hatte.

Zwei Jahrhunderte lang existierte diese Niederlassung. Die dazugehörige Stadt war sehr groß, wenn man auch ihre exakten Grenzen nicht kennt. Sie muß eine der ersten Industriestädte der Weltgeschichte gewesen sein, denn sie lebte von der Kupferindustrie.

Kupfer war für das junge Ägypten der ersten Dynastien ein Metall, ohne das nichts hätte gebaut werden können, weil sämtliche Metallwerkzeuge aus diesem Material gefertigt waren. Die Funde von Schlacke,

Die Ausgrabungen der Ziegelmauern von Buhen vermittelten ein genaues Bild einer typischen Festungsanlage im Mittleren Reich: ein breiter, trockener Graben und hohe Wälle mit Schießscharten sollten eventuelle Angreifer abschrecken.

Kupfererz, Holzkohle (zur Feuerung) und eines Schmelztiegels, an dessen Rand noch deutlich sichtbar die Reste übergelaufener Kupferschmelze hingen, dazu die runden Schmelzöfen aus der Zeit des Pharao Cheops, die vielen Hämmer zum Zerkleinern der Erzklumpen, Hunderte von Schmelztiegeln überall in der Gegend – all das weist darauf hin, daß hier sehr hart gearbeitet wurde. Bis zu dieser Entdeckung hatte man nicht gewußt, daß in Nubien Kupfer gefunden worden war. Aber ausgehend von der Gewohnheit der alten Ägypter, das Metall immer möglichst dicht bei den Erzgruben zu schmelzen, müssen auch hier die Kupferminen ganz in der Nähe gelegen haben. Trotz intensiver Suche hat man aber nichts dergleichen entdeckt.

Durch den Bau der Tempelkomplexe sowie der Pyramiden bei Gizeh, Saqqara, Abusir und an anderen Orten muß der Kupfer-Bedarf stark angewachsen sein. Das aus dem Erz geschmolzene Kupfer wurde in Barren-Form per Schiff nach Norden versandt. Erst dort fertigte man daraus Werkzeuge und andere Gegenstände. Daß die Stadt noch älter sein muß als das Buhen der 4. Dynastie, wurde bewiesen, als Emery im Osten von Buhen ein Gebäude entdeckte. Es war aus den typischen, sehr großen Ziegelsteinen der 2. Dynastie (ca. 2800 v. Chr.) gemauert, möglicherweise sogar aus der Zeit der 1. Dynastie (etwa 3000 v. Chr.). Man fand Töpfe und Geschirr, aber auch die herrlichsten Natursteingefäße aus der ägyptischen Vorgeschichte, die etwa um 3000 v. Chr. einsetzte. Damals gab es noch keine Festung, sondern nur eine Mauer; ein Zeichen dafür, daß die Angst vor der ansässigen Bevölkerung nicht sehr groß gewesen sein kann – bzw. die Zahl der potentiellen Gegner relativ klein. Man nahm immer an, daß Nubien etwa um 2000 v. Chr. durch Ägypten

1. Der Kiosk von Kertassi, neu aufgebaut im Süden des Hochdammes bei Assuan.

2. Prähistorische Zeichnungen auf einem nubischen Felsen, sie stehen heute neben dem wieder errichteten Tempel von Kalabscha.

3. Felsinschriften in den Steinbrüchen von Assuan.

4. Ein Blick in die Betonkuppel des wiedererrichteten Großen Tempels von Abu Simbel.

besiedelt wurde, aber die Entdeckung der Kupferindustrie berechtigt dazu, diese Zeitgrenze gut und gern 500 Jahre vorzuverlegen – vielleicht sogar in noch frühere Epochen.

Warum aber wurden die Schmelzwerke schließlich verlassen? Waren die Minen ausgebeutet? Oder hängt es mit dem Erscheinen der C-Gruppe am Zweiten Katarakt zusammen? Das zu erfahren, wäre sehr aufschlußreich.

Im Jahre 1962 gelang skandinavischen Archäologen, die ebenfalls in der Nähe von Buhen arbeiteten, eine bedeutsame Entdeckung. Sie fanden nämlich das Grab eines gewissen Amenemhet, der Prinz von West-Debeira war. Am Eingang des Grabes stand eine prächtige Stele aus hellem Granit, auf der die Hieroglyphen mit gelber Farbe ausgemalt waren. Genau gegenüber auf dem anderen Nilufer lag das Grab Dehutihoteps, des Prinzen von Debeira. Es müssen zwei Brüder gewesen sein, denn sie hatten offensichtlich denselben Vater. Name und Titel des Vaters weisen darauf hin, daß die beiden Brüder Nubier gewesen sind. Amenemhet hatte indirekt auch Ärger mit Echnaton, denn auf der herrlichen Stele wurde der Amuns-Name entfernt, übrigens die einzige Beschädigung. Beide Brüder hatten ein überaus prächtiges Grab. Das des Dehutihotep war auf die übliche Weise ausgemalt, während in Amenemhets Grab eine Statue gefunden wurde.

Rekonstruktions-Zeichnung des Forts Buhen.

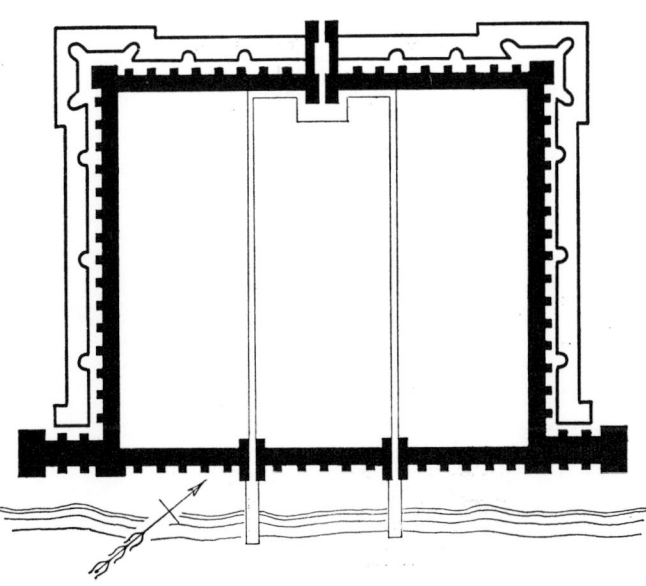

Grundriß des Forts Buhen.

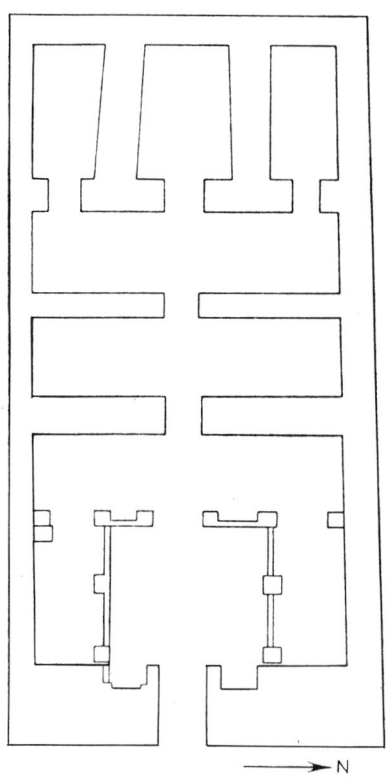

Grundriß des Tempels von Buhen.

Der Tempel von Akscha

Relief im Tempel von Akscha: die Schrift am Fuß enthält die Liste aller von Ramses II. unterworfenen Stämme und Völker.

Der kleine Tempel von Akscha, unter der Herrschaft Ramses' II. erbaut, lag nicht auf einem Hügel, sondern auf einer mit Steinen übersäten Sandfläche am westlichen Nilufer.
Mit finanzieller Unterstützung Frankreichs konnte die Ruine erforscht werden. Wissenschaftler der Universität Ghana sägten die Reliefs heraus und überführten sie nach Khartum, wo sie 1963 wieder aufgestellt wurden. Der Tempel von Akscha war der letzte Tempel, den Ramses II. in Nubien baute.
Als Breasted zu Anfang unseres Jahrhunderts den Tempel besuchte, entdeckte er die Reste von Akscha und war nicht besonders beeindruckt. Erst die Franzosen und Argentinier, die im Auftrag der UNESCO ihre Untersuchungen durchführten, fanden unter dem Wüstensand die Vorhalle des Tempels. Mehr noch: Unter der Sanddecke hatten die Reliefs sogar ihre Farbenpracht bewahrt. Außerdem stellte sich heraus, daß einige Stelen denen von Abu Simbel aufs Haar glichen.
Die Bildhauer, die die Texte auf die Stelen von Akscha gravierten, kopierten die Vorbilder aus Abu Simbel so genau, daß sie sogar die orthographischen Fehler übernahmen! Eins der wichtigsten Reliefs enthält ein Verzeichnis der Namen aller Länder und Völker, von denen Ramses II. behauptete, daß er sie unterworfen habe.

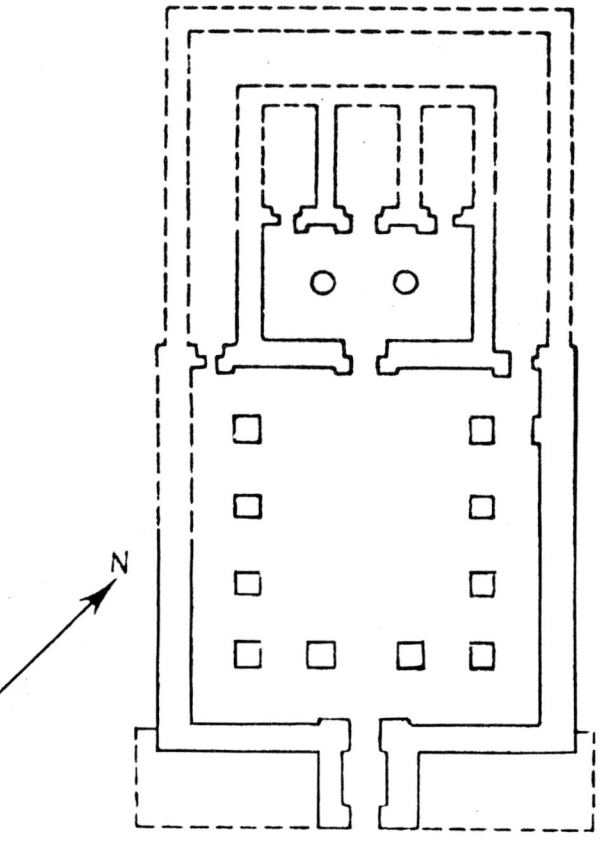

Der Tempel von Akscha

Akscha

Errichtet von:	Ramses II.
Entstehung:	Etwa um 1250 v. Chr.
Abbruch:	Im Jahre 1963. Mauern und Reliefs wurden vom sudanesischen Antikendienst aus dem Gestein gesägt.
Wiederaufbau:	1964–1965
Standort:	Museum von Khartum
Geweiht:	dem Gott Amun-Rê

Die Kathedrale von Faras

Oben auf dem Hügel von Faras, der aus Sand, Geröll und Steinbrocken besteht, lag eine Zitadelle aus islamischer Zeit, gebaut aus Ziegelsteinen. Aber die vielen behauenen Steinblöcke berechtigten zu der Hoffnung, daß man dort auch einen ägyptischen Tempel finden werde. Doch es sollte anders kommen. Ein polnisches Archäologenteam war hier an der Arbeit. Als man nun die Zitadelle abgetragen hatte und den eigentlichen Hügel in Angriff nehmen wollte, stieß man schon bald auf eine weiß verputzte

Faras: im Vordergrund die Fundamente eines Tempels aus dem Mittleren Reich; oben auf der Hügelkuppe sieht man die Ruinen des islamischen Forts, unter denen die christliche Kathedrale zum Vorschein kam.

△
Das Stadtwappen von Faras: eine Taube mit ausgebreiteten Flügeln.

Mauer. »Das Wunder von Faras« kam ans Tageslicht. Denn auf der Mauer erschien, kaum daß man ein Stück weiter gegraben hatte, ein in Freskotechnik gemaltes Heiligenporträt. Nach einem Jahr harter Arbeit waren viele solcher Fresken freigelegt.
Was die Polen hier gefunden hatten, war nicht mehr und nicht weniger als eine Schule christlich-nubischer Kunst, in der deutliche Spuren byzantinischer Einflüsse zu einer eigenen Kunstform verschmolzen. Bis heute blieb die Kathedrale von Faras, des antiken Pachoras, ein einzigartiges Beispiel christlicher Kunst in Afrika.
Jahrhundertelang muß die Kathedrale von Faras unter der schützenden Sanddecke begraben gewesen sein. Dank der Rettungsaktion der UNESCO wurden die Fresken gerettet, und die Nachwelt kann diese herrlichen Meisterwerke in Warschau oder Khartum, wo sie derzeit ausgestellt sind, bewundern. Im Innern der Kathedrale fand man sogar bis zu drei Fresken-Schichten übereinander: Offenbar übermalte man die Bilder nach einiger Zeit, wenn sie ›zu altmodisch‹ geworden waren. Spezialisten gelang es, eine Farbschicht nach der anderen abzulösen und zu erhalten.
Nubien, das im tiefen Süden auf allen Gebieten zurückgeblieben war, verehrte die ägyptischen Götter

Dr. W. Adams an den von seiner Expedition ausgegrabenen Keramik-Brennöfen aus der christlichen Zeit in Faras-Nord.

Eins der großen Fresken in der Kathedrale von Faras: der Erzengel Michael mit den drei Jünglingen im Feuerofen (Daniel 3, 21), aus dem letzten Viertel des 10. Jahrhunderts (jetzt im Museum von Khartum).

und die eigenen Gottheiten (die man auf ägyptische Weise anbetete) bis ins 6. Jahrhundert. Zu dem Zeitpunkt war Ägypten längst christianisiert. Justinian, Kaiser von Byzanz, nahm sein Gelübde ernst, sandte Missionare nach Nubien und ließ alle Tempel auf der Insel Philae schließen, alle ›Götzenbilder‹, darunter viele der dort verehrten Göttin Isis, entfernen oder vernichten, und machte so nach 5000 Jahren der ägyptischen Religion ein Ende. Es folgte eine intensive christliche Missionierung, und so entstanden in Nubien drei christliche Reiche: Nobatia mit der Hauptstadt Pachoras (Faras) im Norden, Makuria in Mittel-Nubien und Alodia mit der Hauptstadt Soba (in der Gegend des heutigen Khartum gelegen) im fernen Süden. Makuria und Nobatia wurden später vereinigt.
Trotz der raschen Ausbreitung des Islam in Ägypten blieb das südliche Nubien bis ins 14. Jahrhundert christlich.

In den beiden Bistümern Faras und Ibrim standen auf einer Strecke von 450 km längs des Nils 125 kleine und große Kirchen. Die meisten waren kaum größer als etwa 15 mal 7 Meter, aber alle waren mit Fresken geschmückt, die Inhalte des neuen Glaubens wiedergaben.
Faras wuchs mit der Zeit. Als noch niemand ahnte, daß unter dem Sand eine große Kathedrale lag, wußte man von Faras nicht mehr, als daß dort eine meroitische Mauer von 300 mal 180 Meter zu sehen war, an der ein paar Türme standen. Und daß in dieser Festungsanlage Steinblöcke lagen. Man sagte auch noch, daß sie zu einem Pharaonen-Tempel von Hatschepsut und Thutmosis III. gehörten, der wiederum auf den Resten eines Tempels aus dem Mittleren Reich errichtet worden war. Weiter gab es Ruinen zweier Kirchen und auf einem abseits gelegenen Felsen einen kleinen Hathor-Tempel sowie eine Gedenknische des Vizekönigs Setau.
Ein meroitisches Gräberfeld war schon zwischen 1910 und 1912 untersucht worden. Auf dem westlichen Nilufer gab es laut Baedeker nur »unerforschte

Sanddünen« (möglicherweise eben die, unter denen dann die Kathedrale zum Vorschein kam). Das war auch schon alles.

Die Ausgrabung der Kathedrale von Faras war für die polnischen Wissenschaftler nicht nur Vergnügen; denn diese Entdeckung warf sämtliche anderen Grabungs- und Forschungspläne über den Haufen. Da dieser Landstrich Nubiens sehr schnell von den Fluten des Stausees verschlungen werden würde, mußte man buchstäblich gegen Flut und Zeit kämpfen. Schließlich schickte man jeden verfügbaren Archäologen aus Polen nach Nubien, um im Wettlauf gegen die Uhr bei der mühsamen und schwierigen Bergung der Wandmalereien zu helfen.

Schwer zu sagen, worunter die Wissenschaftler mehr litten, unter der Hitze oder der nervenaufreibenden Eile, mit der man vorgehen mußte, wollte man so viele Kunstwerke wie möglich bergen. Das Unmögliche gelang: im Mai 1964 waren sämtliche Fresken geborgen, und an Bord eines Schiffes brachte man sie nach Wadi Halfa. Von dort wanderte ein Großteil ins Museum von Khartum; den Rest durfte Polen als Dank für die hervorragende Arbeit behalten.

Die Kathedrale von Faras wurde – wie fast alle großen Bauwerke Nubiens – unter Verwendung von Steinblöcken aus früheren Pharaonen-Tempeln errichtet. Innerhalb von vier Jahren registrierte man nicht weniger als 500 Blöcke mit Namen und Bildern von Thutmosis III., Tutanchamun, Ramses II. und Taharka. Wo man keine Steine benutzte, nahm man Lehmziegel. Die Kathedrale von Faras war 625 n. Chr. an der Stelle gebaut worden, wo noch die Ruine einer kleinen Kirche aus dem 5. Jahrhundert stand. 970 fand ein Umbau statt. Das hölzerne Dach

Ein Fresko in der Kathedrale von Faras wird nach umfangreichen Vorarbeiten von der Wand abgenommen. Rechts im Bild der Leiter der polnischen archäologischen Mission, Prof. K. Michalowski.

Ein von der Wand abgenommenes Fresko wird aus der Kathedrale von Faras geschafft.

ersetzte man durch Kuppeln, und möglicherweise erhielt das Gotteshaus damals auch die fünf Schiffe, die es von den gewöhnlichen dreischiffigen nubischen Kirchen unterschied. Die Fresken stammen aus der Zeit zwischen dem 8. und 12. Jahrhundert. Die letzte Schicht enthält die schönsten.
Die Rettung der Wandmalereien war eine äußerst schwierige und minutiöse Arbeit. Zuerst wurden sie vorsichtig gesäubert und mit einem Konservierungsmittel besprüht: dadurch wurde eine Schutz- und zugleich feste Deckschicht aufgetragen. Dann wurde Seidenpapier darüber gelegt und dicke Schichten von bienenwachsdurchtränkten Tüchern. Mit vorgewärmten Holzspachteln mußte man später in Warschau diese Schichten wieder entfernen – aber die Malereien kamen unversehrt darunter zum Vorschein. Als das Ganze getrocknet war, wurde das Fresko unendlich vorsichtig von der Mauer bzw. dem darunterliegenden Wandbild abgeschält. Das abgelöste Bild war jedesmal so leicht, daß ein Mann ein Exemplar von 3 mal 4 m ohne Mühe tragen konnte.
Anhand dieser Wandmalereien kann man sich heute einen ziemlich genauen Eindruck vom damaligen kirchlichen Leben in Faras verschaffen. Die Bilder zeigten in erster Linie biblische Ereignisse: Christi Geburt, die Kreuzigung, die drei Jünglinge im Feuerofen, die Apostel, die Jungfrau Maria, den Heiligen Michael und weitere Heilige.
Zu den wichtigsten Funden gehörten auch die Porträts von Bischöfen und anderen Personen. In einer Nische lag eine Namensliste der Bischöfe von Faras. Als erster wurde darauf der fünfte Bischof von Faras, Paulus (gestorben 707), genannt, und der letzte war Bischof Jesus, der 1169 starb. Nach ihm gab es noch bis zum Jahre 1372 Bischöfe in Faras. Insgesamt führt die Liste 27 Kirchenfürsten auf.
Etwas später entdeckte man die Gräber der Bischöfe. Das erste Grab war die Ruhestätte des Bischofs Johannes. Er war in einem Kuppelmausoleum bestattet worden. Dem Toten hatte man den Bischofsstab aus Bronze und das Bischofskreuz mitgegeben, ebenso eine Stele, auf der vermerkt war, daß der Bischof im Alter von 82 Jahren gestorben sei. Ein Bildnis des Erzengels Michael zierte eine Wand des Grabes. Dieser Erzengel hatte ein weißes Gesicht – im Gegensatz zu vielen Bischöfen, die in

dunkelbrauner Farbe abgebildet sind, also offensichtlich Nubier waren. Die Bischofsgräber boten reichlich Gelegenheit, die Bildnisse mit den sterblichen Überresten zu vergleichen. Es scheint, daß man die Porträts nach lebenden Vorbildern gestaltete, wenn auch in byzantinischem Stil. Erwähnt sei auch ein sonderbarer Fund: in einem Stollen am Nordende des großen Hügels fand man eine prachtvolle Sammlung meroitischer Keramik. Wer schildert das Erstaunen der Archäologen, als an den Gefäßen noch Etiketten hingen, auf denen der Name ›Griffith‹ stand. Ein britischer Archäologe war also lange vor ihnen dort gewesen, aber niemand wußte mehr etwas darüber... Doch solche kuriosen Begebenheiten sind in der Archäologie nichts Ungewöhnliches.

Faras

Kathedrale
gestiftet durch: Bischof Paulus
Entstehung: Anfang des 8. Jahrhunderts
Abbruch: Lediglich die Fresken wurden von einer polnischen Expedition 1962–1964 entfernt.
Überführung nach: Museen von Khartum und Warschau
Maße: Kathedrale 23 m breit, 25 m lang.

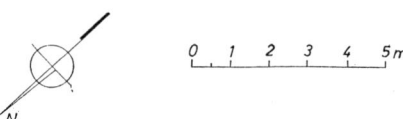

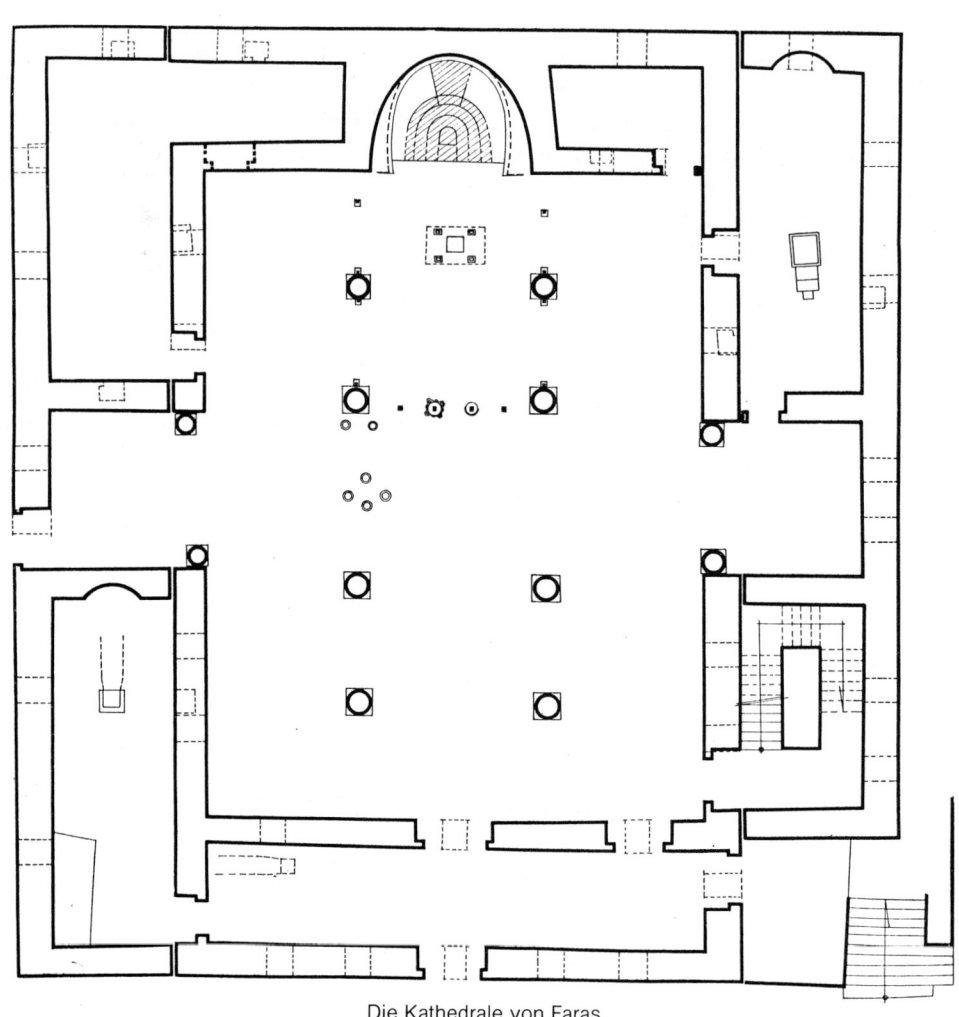

Die Kathedrale von Faras.

Die Felsenkapelle von Dschebel Schams

Die Anhöhe hatte den poetischen Namen Dschebel Schams, ›Berg der Sonne‹. Dschebel Schams ist heute verschwunden, versunken im Nasser-See, ebenso die Felsenkapelle, die Paser hatte in den Berg hauen und weihen lassen. Paser war Vizekönig von Nubien unter Pharao Ramses II. (1298–1231 v. Chr.). Die Kapelle, wie gesagt, ging unter, ihre Fresken konnten aber 1964 vor den Fluten gerettet werden. Sie sind heute in Abu Simbel. Die Kapelle war kaum größer als 2 m in der Breite und 1,50 m in der Tiefe. Sie war fast ausgefüllt durch die schwer beschädigte Statue einer Gottheit, die eine Sonnenscheibe zwischen den Hörnern auf dem Haupt trug. Doch die Wandbilder waren in recht gutem Zustand.

Der Felsen von Dschebel Schams mit Kapelle und Stelen.

Aus diesen Wandbildern und den Inschriften geht hervor, daß Paser ›Aufseher über das Land des Goldes von Amun‹ war. Und er diente Ramses II., dessen Name unleserlich auf der Nordwand stand. Auf der Südwand erweisen Paser und seine Familie dem Pharao die Ehre, und auf der Ostwand opfert er der Statue, die in der Felsenkammer stand.

Nördlich der Kapelle befand sich eine Felsennische mit einer kleinen Stele, auf der zwei Gestalten die Göttin Anukis anbeten. Diese Stele wurde von einem Beamten namens Hor aus Wawat gestiftet. Etwas entfernt stand eine weitere Stele, darauf ein König, der eine Anzahl Götter verehrt: Amun-Rê, Ptah, Seth und Horus. Das Namenszeichen des Königs ist unlesbar, aber unten auf der Stele ist Paser abgebildet. Diesmal kniet er vor Anubis, Sobek-Rê, Sesostris III., Anukis und Horus. Der unlesbare Königsname muß also Ramses II. sein. Auch diese Stelen wurden geborgen und nach Abu Simbel gebracht.

Ramses II., der Pharao, auf dessen Namen man überall in Nubien stößt.

Dschebel Schams

Errichtet von: Paser, Vizekönig von Nubien.
Entstehung: ca. 1275 v. Chr.
Abbruch: Stele wurde 1964 vom ägyptischen Antikendienst herausgesägt.
Wiederaufbau: 1965
Standort: Jetzt bei Abu Simbel.
Maße: 2 m breit, 1,50 m tief.
Geweiht: Amun-Rê (?)

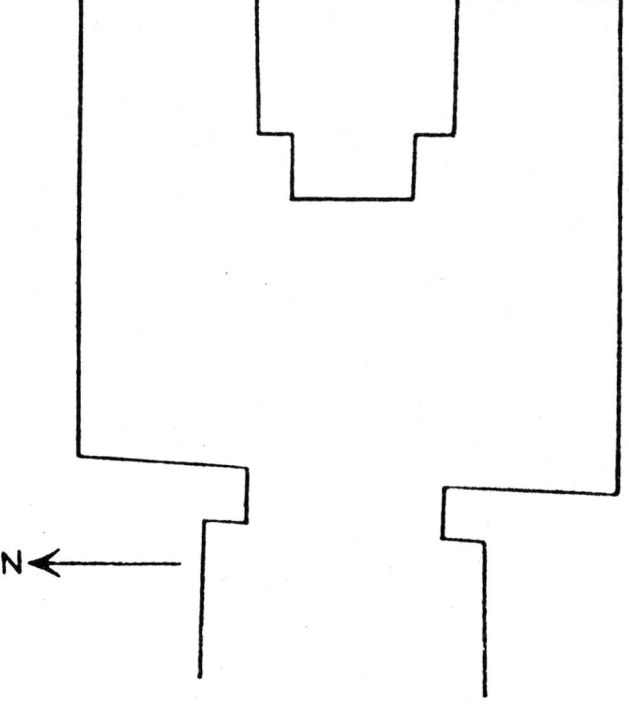

Die Felsenkapelle von Dschebel Schams.

Der Felsentempel von Abu Hoda

Ein Relief aus dem Felsen beim Tempel von Abu Hoda, jetzt bei Abu Simbel aufgestellt.

Der Felsentempel von Abu Hoda wurde zur Zeit des Pharaos Haremhab (1337–1314 v. Chr.), des letzten Königs der 18. Dynastie, beim Dschebel Adda etwas südlich vom ursprünglichen Abu Simbel in den Berg gehauen, ein reizvoller Ort, der jetzt im Wasser versunken ist.

Im Jahre 1325 v. Chr. wurden die Tempel für Amun-Rê und Thot von Chmunu (dem späteren Hermupolis) geweiht. Die erste Tempelhalle verfügte über vier Säulen mit Kapitellen in Form von Papyrusknospen. Die Reliefs sind von guter Qualität. Sie zeigen, wie der Pharao nubischen Gottheiten opfert. Links vom Eingang säugt die Göttin Anukis den Pharao Haremhab. Neben ihr steht Chnum. Andere Reliefs zeigen Haremhab, wie er Thot und Horus sowie Horus und Seth Opfer darbringt. Haremhab erweist außerdem vier Gottheiten mit Falkenkopf die Ehre – jeweils Horus in anderer Gestalt: Horus von Miam, Horus von Buhen, Horus von Beki und Horus von Maha.

Seth war ein Gott aus der Wüste, auf den man in Ägypten nicht sehr gut zu sprechen war, denn er hatte nach der Sage seinen Bruder Osiris ermordet. Er war der Gott der Wüsten, der Fremdländer und der rohen Gewalt. Daß er an dieser Stelle angebetet wurde, läßt sich als eine großzügige Geste Nubien gegenüber deuten. In dem kleinen Allerheiligsten hinter der Halle zeigt ein Relief Haremhab vor der heiligen Barke, auf der – den Inschriften zufolge – einmal Abbildungen von Amun-Rê und Thot zu sehen gewesen sind.

In der Nähe von Haremhabs Tempel befand sich auch eine Gedenkgrotte für Paser, den Vizekönig von Nubien. Er übte sein Amt aus zu Zeiten des Pharao Eje (1341–1337 v. Chr.) und dessen Nachfolger Haremhab. Paser führte den Titel ›Gouverneur des Goldlandes von Amun‹, was darauf schließen läßt, daß man die Goldgewinnung in Nubien wieder aufnahm, nachdem Echnaton sie stillgelegt hatte. Haremhab muß diesen Wirtschaftszweig schnell wieder angekurbelt haben. Das zeigt der Name des Tempels: Amun-hery-ib, was soviel bedeutet wie »Amun, dessen Herz zufrieden ist«. Wegen des Tempels oder wegen des Goldes...?

Die Kopten verwandelten Haremhabs prächtigen Tempel in eine Kirche. Und heute noch kann man sehen, wie sie auf geradezu barbarische Weise ihre Wandbilder anbrachten. An keiner Stelle wurde die Architektur berücksichtigt, und Breasted führte zu Recht wütende Klage über... »die grellen byzantinischen Verzierungen«. Niemand kann behaupten, daß diese Bilder, so interessant sie für sich allein auch sein mögen, eine Bereicherung des Tempels bedeuten – wenn man bedenkt, welche wunderschönen Reliefs der 18. Dynastie den plump gemalten schwebenden Heiligen und merkwürdigen Engeln weichen mußten.

Abu Hoda	
Errichtet durch:	Haremhab
Entstehung:	ca. 1325 v. Chr.
Abbruch:	Im Jahr 1965 durch den ägyptischen Antikendienst aus dem Felsen herausgesägt.
Wiederaufbau:	1968
Standort:	In der Nähe von Abu Simbel.
Maße:	20 m breit, 15 m lang.
Geweiht:	den Göttern Amun-Rê und Thot

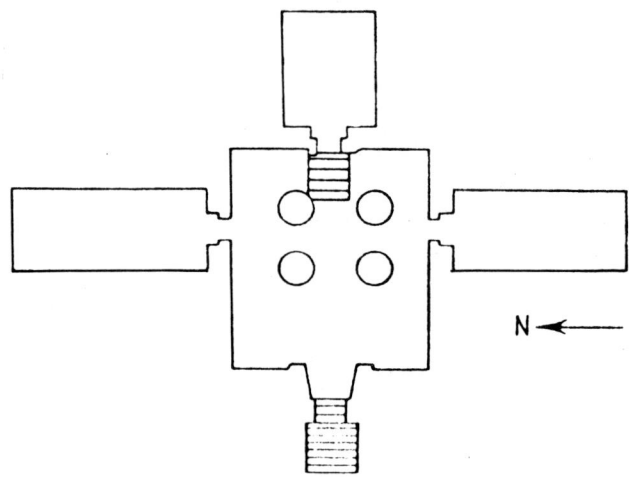

Der Felsentempel von Abu Hoda

Die Tempel von Abu Simbel

Als sich der Forschungsreisende Johann Ludwig Burckhardt zu Beginn des vorigen Jahrhunderts aufmachte, die Quellen des Nigers zu suchen – wozu er quer durch die Libysche Wüste zum Fessan ziehen mußte –, hatte er keineswegs vor, zuerst eine Nilreise zu unternehmen. Das änderte sich auch nicht, als er schon in Kairo aufgehalten wurde, weil er dort einen schier endlosen Papierkrieg führen mußte. Burckhardt war ein merkwürdiger Mensch. Er sprach fließend Arabisch und war als erster Europäer in Mekka gewesen, um die ›Hadsch‹ zu machen. Burckhardt hatte den Mittleren Osten ausgiebig bereist, und zwar unter dem Namen Ibrahim ben Abdallah, den er nach seiner Mekka-Reise angenommen hatte. Die Geschichte dieser Länder kennt ihn deshalb heute noch als Scheich Ibrahim.

Weil der Aufenthalt in Kairo sich in die Länge zog, entschloß sich Burckhardt, den Nil zu erforschen, der in jener Zeit von Weißen nicht weiter als bis ed-Derr bereist worden war.

Im September 1812 – die ärgste Sommerhitze war vorbei – fuhr er nilaufwärts bis ed-Derr. Dort mietete er Kamele und zog auf dem Ostufer weiter stromaufwärts nach Dongola. Weil er gehört hatte, daß bei Kasr Ibrim pharaonische Ruinen zu sehen seien und daß gegenüber von Ebsambal ein kleiner Tempel stehe, beschloß er, am Westufer zurückzukehren und sich jenes Ebsambal einmal näher anzusehen: Ebsambal, das ist das heutige Abu Simbel. Am 22. März 1813 kam er dort an, ließ den Kamelen Fußfesseln anlegen und stapfte durch den losen Sand am Nil entlang, um den kleinen Tempel zu besichtigen. In einem Tal voll von Flugsand erblickte er plötzlich, 180 m vom kleinen Tempel entfernt, die Köpfe jener Kolossalfiguren. Sie ragten aus dem Sand, der den Großen Tempel umschloß.

1815 war Nubien soweit erschlossen, daß eine Reise dorthin nicht länger zu den Unmöglichkeiten gehörte. 1816 entschloß sich Giovanni Belzoni zu einer Fahrt nilaufwärts: Belzoni, vorher ›Starker Mann‹ in einem Zirkus und später archäologischer Autodidakt, leitete eine Expedition, die der britische Generalkonsul Henry Salt finanzierte. Am 10. Juli 1817 erreichte Belzoni Abu Simbel. In der größten Sommerhitze begann er, in dem riesigen Sandberg einen Durchgang ins Innere zu graben. Hundert Nubier wurden angeheuert, aber die hatten nach ein paar Tagen schon genug und liefen davon. Deshalb machten sich Belzoni, der Sekretär des Konsuls, zwei Kapitäne der Marine (die aus mysteriösem Grund den Nil befuhren), ein türkischer Soldat und Belzonis griechischer Diener selbst ans Werk. Am 1. August war es soweit: links oben vom Eingang hatten sie ein Loch in den Sand gegraben und zu ihrem großen Erstaunen eine Stelle freigelegt, an der ihnen eine Stiege entgegenkam!

Sie kletterten durch die Öffnung, rutschten eine sanfte Schräge aus Sand hinab und standen bald darauf in der dämmrigen Halle des Tempels, wo die Osiris-Statuen im Fackelschein hoch über ihnen aufragten. Der Rest des Tempels schien frei von Sandmassen zu sein.

Also machten sie sich daran, ihn zu besichtigen. Nur eine Sache gab ihnen Rätsel auf: saßen oder standen die vier Kolosse da draußen? Um dieses Rätsel zu lösen, wurde zwischen 1818 und 1819 der Koloß links außen freigeschaufelt. Er saß! Zur Sicherheit legte man auch den zweiten Koloß frei und fand dabei die später so berühmte griechische Inschrift, die vom nubischen Feldzug des Königs Psammetich II. (595–589 v. Chr.) berichtet.

Nach Belzoni kamen noch viele wissenschaftliche Berühmtheiten nach Abu Simbel, und viele Altertumsforscher haben versucht, die Geheimnisse dieser Stätte zu ergründen. Immer wieder mußte der Tempel vom Sand befreit werden, der wie ein Fluß durch den Hohlweg zwischen den beiden Tempeln rann. 1892 baute man Mauern, um diesen Sandstrom zu stoppen. Barsanti verstärkte diese Mauer im Jahre 1902, als der alte Assuan-Damm erhöht wurde. Zwischen 1909 und 1910 ließ er dann den gesamten Sand abtransportieren: seitdem steht die Tempelfront so vor der Bergwand, wie wir sie heute kennen.

Die Tempel von Abu Simbel nach einer Zeichnung von F. C. Gau aus dem Jahre 1822.

Die wieder aufgebauten Tempel am Nasser-Stausee (Luftaufnahme von Dezember 1976).
Rechts: Der Große Tempel von Abu Simbel nach dem Wiederaufbau. ▷

Königin Nefertari neben einer der Kolossalfiguren ihres Gatten Ramses II. vor dem Großen Tempel von Abu Simbel.

Der Gott Rê-Harachte oberhalb des Eingangs zum Großen Tempel von Abu Simbel.

Relief in der ersten Halle des Großen Tempels von Abu Simbel. Es handelt sich um einen Bericht über die Schlacht zwischen Ägyptern und Hethitern bei Kadesch im Jahre 1276 v. Chr.

Die Welt erfuhr sehr bald von den beiden großartigen Monumenten in Abu Simbel. 1822 erschien ein Buch von F. C. Gau, das auch viele andere nubische Tempel im Bild zeigte. Gau erstellte einen Lageplan, eine Vorder- und eine Profilansicht, und ein Bild des ersten Kolosses. Außerdem zeigte er die beiden Endstücke einer Ziegelmauer etwa 100 Meter vor dem Großen Tempel im Bild: daraus geht hervor, daß dort wie üblich ein Pylon gestanden hat. Doch Gau unterliefen in seinen Zeichnungen einige Fehler. Die Kronleiste mit den bekannten Affen war mit Kobraschlangen verziert, während er auf einer anderen Zeichnung zwar Affen zeigte – aber ohne Hände. Der Gott Rê trägt einen Hundekopf – und mehr solcher Ungereimtheiten.

Etwa um dieselbe Zeit kam ein gewisser Hay den Nil heraufgefahren, um Gipsabdrücke von Abu Simbel zu machen. Ein Plan mit schlimmen Folgen. Der vierte Koloß, der bis zum Hals im Sand saß, wurde als das unglückliche Opfer ausgesucht – und der Gips drang überall in den porösen Sandstein ein, so daß der Pharao nach dem Abguß seltsam verschimmelt aussah. Fünfzig Jahre später kam Amelia Edwards vorbei, war entsetzt vom Anblick der häßlichen Gipsflecken und beschloß, diese einzufärben.

Amelia hatte sich ausgedacht, daß starker Kaffee wohl ein feines Mittel sei, die Gipsspuren dunkel zu tönen. Und so ließ sie die Besatzung ihrer ›Dahabiya‹ Unmengen von Kaffee kochen. Viele Eimer der kostspieligen Flüssigkeit waren nötig, um den Gips, der alle Feuchtigkeit wie ein Schwamm aufsaugte, so braun zu färben, daß er Amelias Schönheitssinn zufriedenstellte.

Unzählige Besucher haben sich auf Mauern und Statuen ›verewigt‹, indem sie ihre Namen einkratzten. Auch Amelia Edwards hinterließ ihr Monogramm, aber sie erklärte ausdrücklich, daß dies das erste und einzige Mal sei, daß sie »ein ägyptisches Monument auf diese Weise verehrt habe«.

Relief auf dem Thron einer der Kolossalfiguren vor dem Großen Tempel von Abu Simbel: unterhalb der Kartusche Ramses II. verknüpfen die Nilgötter heraldische Pflanzen, die beide Teile Ägyptens symbolisieren.

Die ersten Besucher von Abu Simbel gehörten zu den Glücklichen, die an all der Herrlichkeit noch etwas Neues entdecken konnten. Mit Burckhardt an der Spitze, der den ganzen Tempel fand, wurde es eine lange Reihe solcher Entdecker – wenn auch nur wenige von ihnen durch ihre Funde wirklich bekannt wurden.

Amelia Edwards oder vielmehr ihrem Begleiter, einem Kunstmaler, war es beschieden, hinter eines der Geheimnisse von Abu Simbel zu kommen. Am 16. Februar 1874 kletterte der unternehmungslustige Maler in den Felsen herum auf der Suche nach Inschriften. Als er keine Lust mehr hatte, stieg er vorsichtig wieder hinab. Dabei bemerkte er ein paar halb verschwundene Reliefs mit den Umrissen von zwei Gestalten und Kartuschen (Kartusche = ovale Umrahmung altägyptischer Königsnamen). Er sah auch Arme und Beine von vier weiteren Gestalten, zwei in der Mitte und zwei an der Seite. Neugierig geworden, suchte der Maler sich einen Stock und begann damit in einer Spalte unter den Relieffiguren herumzustochern. Der Stock verschwand in der Felsspalte. Aufgeregt kniete er nieder und begann hastig weiterzusuchen, denn an solch einem Ort mußte doch etwas zu finden sein! Er schickte einen Diener zu Amelias Schiff – es war bald Lunch-Zeit – mit der Nachricht: »Schick' mir ein paar Sandwiches! Habe ein Grab gefunden.«

Natürlich kam gleich die ganze Reisegesellschaft herbei, »wie Tiger«, so wird berichtet, und zwanzig Paar Hände füllten die mitgebrachten Körbe mit

Gefangene, unterhalb der Füße der Kolossalfiguren Ramses' II. vor dem Großen Tempel von Abu Simbel. Das Bild symbolisiert die vom Pharao besiegten Völker der Syrer, Palästinenser, Nubier und Libyer.

Eine der Osiris-Säulen in der ersten Halle des Großen Tempels von Abu Simbel. Sie zeigen Pharao Ramses II. in Gestalt des Gottes Osiris.

Sand und Steinen. Man folgte der Felsspalte, und nach einiger Zeit konnten die ersten sich durch die entstandene Öffnung gleiten lassen. Waren sie in eine verzauberte Unterwelt gekommen? Sie entdeckten ein Verließ mit prächtig ausgemalten Wänden. Der Maler hatte das berühmte Geburtshaus gefunden. Es bestand aus einer Vorhalle und einem in den Fels gehauenen Heiligtum mit vollständig erhaltenen Reliefs.

Der zweite wichtige Fund erfolgte durch Barsanti, der 1909 zu Geschäften und Restaurierungsarbeiten nach Abu Simbel kam. Eine damals schon notwendige Arbeit: denn der alte Assuan-Damm wurde um nicht weniger als zehn Meter aufgestockt, und zahllose Monumente in Nubien versanken im Wasser. Auch Abu Simbel wurde gefährlich nahe vom Nil bedrängt. Die kleinen Äcker, die bis dahin einen malerisch aussehenden Teppich gebildet hatten, verschwanden. Und ein 100 Meter langer Deich aus Sand, von Barsanti angelegt, mußte den Tempel gegen Wanderdünen schützen. Schon bald war Barsanti mit seinem berühmten Zement ans Werk gegangen und hatte alles, was lose war oder abbröckelte, neu befestigt oder aufgefüllt. Umgestürzte Statuen wurden wieder aufgerichtet, Sandhaufen beiseite geschafft. Bei dieser Gelegenheit kam die prächtige Sonnenkapelle mit den berühmten Pavianen zutage. Später brachte man sie nach Kairo (wo sie nun im Museum stehen), aber die Schönheit der Kapelle in ihrer Unversehrtheit wurde dadurch empfindlich gestört. Die Sonnenkapelle war teilweise in den Felsen getieft, teilweise aus Steinen gemauert und bildete eine Art rechteckigen Hof mit einem steinernen Altar und zwei Mini-Obelisken an den beiden Kopfenden. Oben auf dem Altar-Rechteck standen die Paviane, je zwei rücklings zueinander, mit erhobenen Pfoten die Sonne anbetend. Sie bestehen aus Sandstein und waren einst, wie alle ägyptischen Statuen, bemalt. Links davon stand ein zweiter Altar, eine Art Tabernakel ohne Dach. Und darin standen brüderlich nebeneinander ein Pavian mit den ›Händen‹ auf den Knien und ein Skarabäus mit der Sonnenscheibe auf dem Kopf, Symbole für Thot als Mondgott und Chepri als den Sonnengott von Heliopolis. Eine kleine Treppe mit vier Stufen ermöglichte es dem diensttuenden Priester, den Altar zu besteigen; das Antlitz den Pavianen zugewandt, begrüßte er die Geburt der Sonne, deren erste Strahlen genau zwischen den beiden Obelisken hindurch auf den Tempel fielen. Am Abend nahm er auf dieselbe Weise an der Rückseite des Altars von der dort unsichtbar untergehenden Sonne Abschied.

Ramses II. erschlägt seine asiatischen Feinde. Relief in der ersten Halle des Großen Tempels von Abu Simbel.

Abgesehen von seinen Zementarbeiten tat Barsanti auch sonst sehr viel für Abu Simbel. Er renovierte die durch Amelias Kunstmaler entdeckte Kapelle und befreite sie vom inzwischen wieder eingedrungenen Sand. Damalige Reisende bezeichneten dieses Geburtshaus aus unerfindlichen Gründen als Bibliothek! Es ist Barsanti auch zu verdanken, daß das Tempelinnere einer gründlichen Reinigung unterzogen wurde, wobei Unmengen Fledermauskot entfernt wurden. Die große Eingangstür wurde verstärkt, die beiden nördlichen Kolosse gestützt und restauriert, und das gesamte Vorgelände bis auf das ursprüngliche Pflaster gesäubert. Und das alles zwischen 1909 und 1910, in einem Jahr!

Wann wurden die beiden Tempel in den Fels gehauen? Die Arbeiten am Großen Tempel müssen um das zweite Regierungsjahr von Ramses II. (1298–1231 v. Chr.) begonnen worden sein. In jenem Jahr starb nämlich sein dritter Sohn, der noch dreimal ohne den damals üblichen Zusatz ›verstorben‹ auf den Reliefs abgebildet wird. Der Innenausbau des gesamten Tempels muß vor dem 34. Regierungsjahr des Pharao fertig gewesen sein. In jenem Jahr fand die Trauung von Ramses II. mit einer hethitischen Prinzessin statt. Diese Verbindung kam aus politischen Gründen zustande und besiegelte den Frieden zwischen Ägypten und dem Reich der Hethiter. Auf einer Stele wird über diese Heirat ausführlich berichtet. Weil diese Stele außerhalb des Tempels aufgestellt wurde, ist der Schluß erlaubt, daß im Tempelinnern kein Platz mehr war: mit anderen Worten, der Tempel war damals schon bis ins Letzte fertig.

Die Statuen und Bilder in den Tempeln von Abu Simbel zeigen Personen der damaligen Zeit, so Königin Tui, die Mutter Ramses' die schon in hohem Alter gewesen sein muß. Sie steht zweimal auf der Terrasse bei den Kolossalfiguren vor dem Tempel. Königin Nefertari, die Große Königliche Gemahlin, nimmt selbstverständlich den Ehrenplatz ein. Am Tempeleingang steht sie unmittelbar neben dem linken und dem rechten Bein des Pharao, direkt neben dem Tor. Auch in der ersten Halle findet man ihre Statuen. Wahrscheinlich starb sie, bevor der Tempel vollendet war; denn später erscheint Prinzessin Bentanat, Ramses' zweite und Lieblingstochter, als Königin, nämlich als die Gemahlin ihres Vaters. In diesem Zusammenhang kann gesagt werden, daß der kleine Tempel von Abu Simbel vor dem Großen fertiggestellt wurde; denn hier ist Nefertari noch mit dem Zeichen für ›Lebende‹ abgebildet.

Irgendwann in der zweiten Hälfte der Regierungszeit Ramses' löste sich das obere Stück des zweiten Kolosses (von links) vom Unterteil und stürzte vornüber, dabei wurde das Gesicht der Figur total zerschmettert. Welche Katastrophe ereignete sich? War es, wie Amelia Edwards unterstellte, ein Erdbeben, wie es in Ägypten und Nubien mehrfach vorgekommen ist? Oder hat sich eine Felsspalte – die man übrigens kannte, denn während des Tempelbaus wurden solche Spalten mit Gips und Farbe verschlossen – hat sich also eine solche Felsspalte plötzlich verbreitert? Schrecken und Entsetzen müssen die Menschen befallen haben, die das Tempel-Terrain bewohnten. Ein schlimmeres Vorzeichen ist kaum vorstellbar. In jedem Fall muß wohl sofort eine Botschaft zum königlichen Palast geschickt worden sein. Zweifelsohne wurde auch sofort eine Armee von Arbeitern unter Leitung eines Architekten damit beauftragt, die Figur wieder aufzurichten und den Schaden zu reparieren.

Letzteres ist, wie man sieht, keineswegs geglückt. Seit dem Sturz liegt der mächtige Kopf unten auf dem Boden. Auch heute. Denn nach dem Abbruch entschied man sich dafür, den Tempel so wieder aufzubauen, wie er jahrtausendelang gewesen ist. Auch

Im Allerheiligsten, in der Tiefe der Felsen, befinden sich die Skulpturen der Götter Amun-Rê, Rê-Harachte, Ptah und von Pharao Ramses II.

Dieses Foto macht ohne viel Worte die gigantischen Maße der Kolossalfiguren deutlich, die vor dem Großen Tempel von Abu Simbel stehen.

Rechts: Ramses II. opfert der Göttin Hathor; Relief im kleinen ▷ Tempel von Abu Simbel.

Vorderfront des kleinen Tempels von Abu Simbel (vor 1963).

im Tempelinnern hat die Katastrophe Spuren hinterlassen. Große Risse waren entstanden, die man mit neuen Quermauern abgestützt hat, besonders im Saal mit den Osiris-Säulen. Auf einer der Mauern brachte man dann das sogenannte Dekret von Ptah aus dem 35. Regierungsjahr Ramses II. an. Eine der Säulen war in Stücke zersprungen, und das darauf angebrachte Bild muß zu Boden gestürzt sein, ist aber dann sorgfältig erneuert worden. Dies alles wurde 1958 in einer gründlichen Untersuchung festgestellt. Dabei fand man im Schutt sogar noch die alten Holzgerüste, die bei der Reparatur benutzt worden waren.

Aber diese Untersuchung ergab auch, daß der Große Tempel von Abu Simbel in einem so schlechten Zustand war, daß er einzustürzen drohte. Die Gefahr war verkannt worden, weil man bei flüchtigen Untersuchungen die Schäden überhaupt nicht bemerken konnte. Quer durch das Bauwerk zogen sich gefährliche Risse, die ebenso gefährliche Einbrüche verursachen konnten. Arbeiten im Innern des Berges mußten die Gefahr nur vergrößern. In gewissem Sinne wurde Abu Simbel also zweifach gerettet: vor dem Überflutetwerden und vor dem Einsturz.

Man brauchte einen Flugplatz für zwei kleine Maschinen, einen Hafen, eine kleine Flotte von 13 Schiffen und eine große Zahl Arbeiter: Geologen und Ingenieure, Marmorfachleute aus Carrara und Chemiker, Archäologen und Historiker, Fotografen und Zeichner. Alle diese Männer mußten im wahnwitzigen Wettrennen gegen Zeit und Wasser eine unglaubliche Arbeitsleistung vollbringen – wollte man die beiden Tempel nicht dem sicheren Untergang preisgeben. Das Unternehmen Pharao gelang! Zu Land und zu Wasser wurde alles Nötige herbeigeschafft. Auf dem großen Gelände innerhalb eines aufgeschütteten Schutzdammes – der genauso hoch war, wie das Wasser einmal steigen sollte, standen bald die Fotoateliers, ein Labor und Lagerhallen für alles mögliche. Westdeutsche, Franzosen, Ägypter, Italiener und Schweden arbeiteten unter Leitung der westdeutschen Firma Hochtief, die sich schon bei der Rettung von Kalabscha hervorgetan hatte. Sie ›ver-

Im großen Saal des kleinen Tempels von Abu Simbel.

Ramses II. opfert Blumen; Relief im kleinen Tempel von Abu Simbel.

setzten‹ ein gewaltiges Objekt, genauer gesagt ein ›Gebäude‹ von 36 Meter Höhe, 22 Meter Breite und 60 Meter Tiefe. Es mußte zum neuen Standort gebracht werden: der aber lag 70 Meter höher und 180 Meter landeinwärts – ein sicherer Ort, den der Nasser-See nicht erreichen konnte. Dann gab es noch den kleineren Tempel von Nefertari – 29 Meter hoch, 13 Meter breit und an die 20 Meter tief –, der neben dem Ramses-Tempel aufgestellt werden sollte.

Ein Problem, das manches Kopfzerbrechen bereitete. Dabei war die finanzielle Seite nicht einmal das schlimmste, auch wenn man die ungeheuren Summen zur Finanzierung des italienischen Planes auf der halben Welt erst einmal zusammentrommeln mußte. Schließlich ging es um die Kleinigkeit von 70 Millionen Dollar!

1961 kam der Tag X für Abu Simbel. Die UNESCO forderte ihre hundert Mitglieder zu Spenden auf: Man brauchte 67 Millionen Dollar, um alle ausgewählten Monumente umzusiedeln, eine Aufgabe, für die man zwischen sieben und neun Jahre ansetzte. Darin waren die vorgeschichtlichen und archäologischen Untersuchungen noch nicht inbegriffen: insgesamt würde das Unternehmen 87 Millionen Dollar verschlingen. Abu Simbel war in diesem Kostenvoranschlag *nicht* enthalten. Es schien ein wahnwitziges Unternehmen ...

So utopisch es begann – das Geld kam zusammen, mit Groschen und Pfennigen von allen Seiten, wobei Aktionen mit Sonderbriefmarken nicht mal die kleinsten Beiträge aufbrachten. Auch der ›Dollar für Abu Simbel‹, den ägyptische Behörden als Extragebühr für Touristenvisa berechneten, brachte ein hübsches Sümmchen zusammen.

Die Umsiedlung der beiden Tempel bedeutete nicht nur Zerlegung, Transport und Wiederaufbau am neuen Standort – die Vorbereitungsarbeiten nahmen fast genausoviel Zeit in Anspruch. Da mußte erst alles vermessen, fotografiert, gefilmt, gezeichnet und notiert werden. Beide Tempel wurden sowohl in Schwarzweiß wie in Farbe bis ins kleinste Detail fotografiert und gefilmt, wobei eine neue Technik, die sogenannte Fotogrammetrie, eine außerordentlich wichtige Rolle spielte. Mit ihrer Hilfe konnten Standbilder und Reliefs hundertprozentig präzis wieder aufgestellt werden. Das System wird bei der Kartenvermessung aus der Luft angewendet, wobei alle Höhenunterschiede einer Landschaft genau wiedergegeben werden. Durch Stereo-Fotografien erhält man in feinen Linien genau die Kurven der Niveauunterschiede. An Hand dieser Linien läßt sich dann auch ein Relief exakt rekonstruieren.

An den Tempeln von Abu Simbel wurde buchstäblich jeder Zentimeter untersucht. Während der Freilegung entstanden einzigartige Aufnahmen: als zum ersten Mal nach 32 Jahrhunderten das Tageslicht in die unterirdischen Hallen fiel, konnten die herrlichen Reliefs in voller Schönheit filmisch festgehalten werden – so hat sie nie zuvor ein Mensch gesehen! Und nie wieder wird man sie so betrachten können! Nicht weniger als 150 Tonnen Stahlgerüste mußten herbeigeschafft werden, damit die Spezialisten bis an die höchsten Stellen der Tempel gelangten; dabei mußte man die Gerüste sowohl innen wie außen aufstellen. Die Decken der Tempelhallen, die oft noch

Begleitet von seiner Gattin Nefertari besiegt Ramses II. die Nubier; Relief im kleinen Tempel von Abu Simbel.

Schematische Darstellung der Umsiedlungsarbeiten an den beiden Tempeln von Abu Simbel.

Eine der Osiris-Säulen aus der ersten Halle des Großen Tempels von Abu Simbel wird mit schwerem Gerät ›umgesiedelt‹.

bemalt waren, wurden vorsichtig abgestützt, damit man sie später heraussägen konnte. Der häufig recht weiche Sandstein des Deckgebirges mußte an vielen Stellen mit chemischen Mitteln gespritzt und verstärkt werden, wollte man Reliefs und Felsmalereien nicht zerstören. Die Kanten aller herausgesägten Blöcke und Platten mußten einen Schutz bekommen, damit sie beim Transport oder beim Zusammenbau nicht beschädigt wurden.

Vierzig ausländische Mitarbeiter, zehn ägyptische Techniker und 750 Arbeiter gingen ans Werk. Bald merkte man, daß das nicht ausreiche. So kamen 50 Spezialisten, 40 Techniker und 800 Arbeiter. Aber auch das war nicht genug. Deshalb arbeitete man häufig in Nachtschichten, während das Gelände durch Scheinwerfer taghell erleuchtet wurde, die von 15 000 PS-Generatoren gespeist wurden. Diese Generatoren verbrauchten pro Tag 5000 l Dieselöl. Auch dieser Treibstoff mußte herangekarrt werden. All die Männer, die nach Abu Simbel kamen, wußten oft selbst nicht, was genau sie da in seiner Gesamtheit bearbeiten sollten. Nicht einmal die Ägypter hatten immer den Überblick. Als das Werk vollbracht war, wußten sie es alle. Soviele Jahre Arbeit an einem Objekt bedeuten, daß man es bis ins letzte Detail kennenlernt. Als Beispiel seien die italienischen Steinmetze genannt. Sie experimentierten mit allen möglichen Arten von Sägen, bis sie endlich die richtige herausgefunden hatten. Oder die schwedischen Experten, die die geologischen Untersuchungen durchführten und mit den modernsten Geräten die Beschaffenheit des Gesteins prüften.

Eins der größten Probleme während der vorausgehenden Untersuchungen war die Beschaffenheit des Felsgesteins, in das die Tempel gehauen waren. Es schien nicht das beste zu sein. Der Sandstein bei Abu Simbel besteht aus harten und weicheren Schichten; das wirft natürlich entsprechende Probleme auf. Der alte und der neue Stand des Grundwassers, die Kapillarwirkung des Gesteins, die chemische Wirkung der eindringenden Salze und nicht zuletzt der Zustand der Wandbilder und Reliefs – alles mußte eingehend geprüft werden.

Im Rahmen dieser Untersuchung tauchte auch die Frage auf: Was wußten die alten Ägypter von Geologie und allem, was damit zusammenhängt? Das schien mehr zu sein, als man bisher angenommen hatte. Bei einem so ehrgeizigen Projekt wie Abu Simbel hatten die antiken Erbauer sich selbst überaus komplizierte Aufgaben gestellt. So mußte zum Beispiel der Tempel von Ramses so angelegt sein, daß zu einer bestimmten Jahreszeit der erste Son-

Die Kolossalfiguren vor dem Großen Tempel von Abu Simbel werden abtransportiert.

Oben links: Der Große Tempel von Abu Simbel während des Wiederaufbaus.

Oben rechts: Rückansicht der großen Betonkuppel, über der der Große Tempel von Abu Simbel neu aufgebaut wurde.

Unten links: Das Innere der Betonkuppel.

Unten rechts: Ein Teil des Kopfes einer der Kolossalfiguren vor dem Großen Tempel von Abu Simbel wird abtransportiert.

nenstrahl am Morgen genau durch die Achse des Tempels ins Innere fiel, ins Allerheiligste, 60 Meter tief im Berg, dorthin, wo vier göttliche Statuen saßen – aber eine davon durfte vom Sonnenlicht nicht erfaßt werden: das war der links sitzende Ptah als Gott der Unterwelt. Daß eine solche Aufgabe einiges an Berechnungen verlangt, braucht man nicht groß zu erläutern.

Dann war da die Vorderfront mit den vier Kolossalfiguren des Königs, alle aus der Bergwand herausgehauen und -modelliert. Durch den Felsen liefen parallel zwei Spalten, aber man wußte sie meisterhaft ins Gesamtbild einzupassen, indem man an den betreffenden Stellen Reliefs und architektonische Details anordnete. Außerdem gab es die verschiedenen Gesteinsschichten. Auch hier fand man eine Lösung. Die harten Gesteinslagen blieben als Decken, Säulen und Zwischenwände erhalten. Die weicheren Schichten wurden entfernt, dort plante man die Räume ein. Das ist auch der Grund dafür, daß manche Gemächer und Kammern nicht genau zur Längsachse des Tempels ausgerichtet sind. Nur die

Haupträume liegen lotrecht hintereinander. So bilden sie heute wieder das alte Bild, die beiden Tempel auf den künstlich errichteten Hügeln, die man über Betonkuppeln aufschüttete. Der einzige Unterschied zu früher: die Tempel liegen etwas näher beieinander. Und noch etwas gab es damals nicht: den stahlblauen Nasser-Stausee, auf dem der Wind manchmal kleine Schaumkronen gegen die Ufer treibt wie eine sanfte Brandung.

Die Umsiedlung der Tempel von Abu Simbel wurde zu einem großen Erfolg, eine kulturelle und technische Leistung von hohem Rang. Kein einziger ›Dollar für Abu Simbel‹ wurde unnütz ausgegeben. Im Gegenteil, sinnvoller wurden Dollar selten verwendet!

Der Entwurf des Plans zur Rettung von Abu Simbel war natürlich alles andere als einfach. Es boten sich verschiedene technische Lösungen an, um den ›Umzug‹ dieser Riesenmonumente durchzuführen. Jede hatte Vor- und Nachteile. Die Franzosen zum Beispiel entwarfen einen gewaltigen Damm, der noch über den höchsten Wasserstand des Stausees hinausragte und den Tempelkomplex sicher abschirmte und umschloß. Der große Nachteil war, daß dann die beiden Tempel auf dem Grunde einer großen Grube standen, mit dem Blick auf eine riesige Dammwand, 70 Meter hoch – alles andere als ein schöner Anblick. Außerdem hätten zahllose Pumpen Tag und Nacht das einsickernde Wasser absaugen müssen.

Ein anderer französischer Plan sah vor, die beiden Tempel auf große Pontons zu stellen. Die würden dann zusammen mit dem Wasserspiegel ansteigen,

Während der Umsiedlungsarbeiten am Großen Tempel von Abu Simbel wurde die Vorderfront mit einem großen Sandberg zugeschüttet. Durch einen Tunnel gelangte man ins Tempelinnere und konnte dort weiterarbeiten.

Wiederaufbau-Arbeiten am Großen Tempel von Abu Simbel.

so daß man dann, ›oben‹ angekommen, die Tempel abladen und zum neuen Standort transportieren könne. Das verwarf man als viel zu riskant.
Der Plan, für den man sich dann in einer ersten Phase entschied, bestach durch großartige Ideen und Phantasie. Er stammte aus Italien. Jeder der beiden Tempel würde herausgesägt und in einen Betonblock ›verpackt‹; dann sollten die beiden Quader durch elektrische Winden angehoben und mit einem System von Betonstützen unterfangen werden. Wären die ›Tempel-Klötze‹ auf diese Weise erst mal aufgebockt, könnte man die Betonhüllen entfernen, und die Tempel stünden in alter Schönheit auf sicheren Stelzen.
1963 gab man diesen Plan auf. Er war wahnsinnig teuer und verschlang zuviel Zeit – die man nicht hatte. Allerlei neue Pläne wurden gefaßt und wieder verworfen. Schließlich drängte die Zeit so sehr, daß man sich für den Vorschlag des schwedischen Büros Vattenbyggnadsbyran entschied, eine ziemlich einfache und nicht allzu teure Lösung. Man würde die Tempel zerlegen (Standbilder, Mauern, Säulen, Terrassen und sogar den Berg selbst), die Reliefs von den Wänden lösen und in einem ›Tempel‹ aus Beton wieder neu anbringen. Dieser Beton-Tempel sollte auf dem dafür bestimmten Platz gegossen werden. Schließlich sollte eine gigantische Betonkuppel von etwa 140 Meter Durchmesser den ganzen Komplex überspannen. Die Kuppel-Spitze würde man mit einem künstlichen Berg aus Felsen, Geröll und Sand verdecken.
Dieser Entwurf, sachlich kühl und technisch perfekt, ließ vielleicht die Kühnheit des italienischen Plans vermissen – aber er schien in der knappen Zeit durchführbar. Die Zeit drängte immer mehr. So dauerte beispielsweise eine Nilüberschwemmung so abnorm lange, daß das Wasser schneller anzusteigen drohte als der Schutzdamm wuchs, der das Baustel-

lengelände umschloß. Und man mußte alles daransetzen, um dieses Wettrennen zu gewinnen.
Der Vertrag über die Bauarbeiten wurde am 16. November 1963 unterzeichnet, und unmittelbar darauf ging man ans Werk. Für eine Summe von 36 Millionen Dollar konnten die fünf Nationen, die hier zusammenarbeiteten, das Projekt in Angriff nehmen: Standbilder, Terrassen, Säulen und der Felsen, der den Tempel umgab, wurden in 20 bis 30 Tonnen schwere Blöcke zersägt. An die Blöcke schraubte man Haken, damit sie mit Kränen sicher angehoben werden konnten. Das hört sich alles sehr simpel an, aber man mußte an großen Blöcken 11500 Tonnen und an kleineren Blöcken 3500 Tonnen verarbeiten. All diese Blöcke wurden auf Schwerlasttransportern zum neuen Standort gefahren – wozu man natürlich zuerst eine feste Fahrbahn bauen mußte! Dann wurden sie auf einem großen Gelände zur späteren Verarbeitung gelagert.
Die Reliefs sägte man als Platten von der Wand. Eine Arbeit, die man nur Männern anvertrauen konnte, die schon seit Generationen im Umgang mit Gestein vertraut waren: den Steinmetzen aus Carrara. Was hier mit Sägeschnitten experimentiert wurde, die ja hauchdünn sein mußten, wollte man nicht zuviel Materialverlust haben, das ist kaum vorstellbar! Der Erfolg aber ist überwältigend. Die Zahl der heute sichtbaren Fugen ist denkbar gering, Schäden an den Reliefs entstanden nicht! Sogar auf dem Boden vor dem Tempel kann man nur mit großer Mühe die Sägespuren zwischen den Steinplatten, auf denen man zum Tempeleingang schreitet, erkennen. Das Befestigen der Reliefs sowie der Malerei- und Deckenplatten war ein Problem für sich. Man löste es mit dem unverwüstlichen Epoxydharz, das das gewaltige Gewicht der Felsblöcke halten kann. Wer scharfe Augen hat, sieht hier und da an den Tempeldecken noch hauchdünne Kunstharzfäden hängen.

Vorderfront des wieder aufgebauten Großen Tempels von Abu Simbel.

Das sind die Stellen, wo der ›Leim‹ zwischen den Steinen herausgetropft ist.

Die Betonkuppeln, auf denen die beiden Tempel stehen, sind von außen nicht zu sehen, doch wer will, kann die Kuppel des Großen Tempels besichtigen und ist dann sprachlos vor Bewunderung. Dieses riesige, graue Gewölbe, erhellt durch elektrische Lampen, gleicht einer modernen Kathedrale. Unten sieht man die Grundmauern des Hilfstempels. Endlose Stahlleitern ziehen sich durch den Raum, und überall sind Instrumente, auf denen Erdbewegungen, Feuchtigkeitseinflüsse und eventuelle Materialveränderungen beobachtet werden können.

Von außen sieht man nur die Felswand, die die perfekt restaurierte Tempelfassade trägt, dahinter steigt in einer Neigung von etwa 30 Grad der Hügel auf der Rückseite des Tempels an. Diese Rückfront der beiden Tempel wirkt wie die Dekoration zu einem Science Fiction-Film, denn nur hier ist zu sehen, daß der Berg künstlich ist.

Die Arbeiten an Abu Simbel konnten 1968 abgeschlossen werden. Seitdem ist diese Tempelanlage die Attraktion jeder Ägypten-Reise. König Ramses der Große und seine Gemahlin Nefertari können zufrieden sein. Die Nachkommen ihrer Untertanen haben dank internationaler Hilfe eine Leistung vollbracht, die der von 1270 v. Chr. in nichts nachsteht.

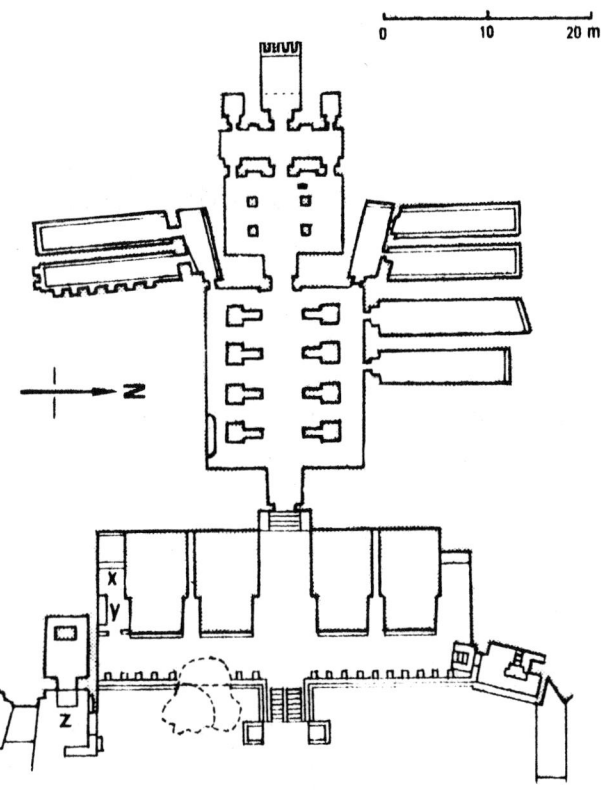

Der Große Tempel von Abu Simbel.

Abu Simbel	
Errichtet durch:	Ramses II.
Entstehung:	ca. 1275 v. Chr.
Abbruch:	1963–1965 durch die deutsche Firma Hochtief nach einem Plan des schwedischen Büros Vattenbyggnadsbyran mit internationaler Hilfe.
Wiederaufbau:	1965–1968
Standort:	Abu Simbel, neuer Standort 70 m höher und 180 m weiter landeinwärts als der ursprüngliche Standort.
Maße:	Großer Tempel: 36 m breit, 22 m hoch, 60 m tief. Kleiner Tempel: 29 m breit, 13 m hoch, rund 20 m tief.
Geweiht:	Großer Tempel: Amun-Rê, Rê-Harachte, Ptah und Ramses II. Kleiner Tempel: Hathor und Nefertari.

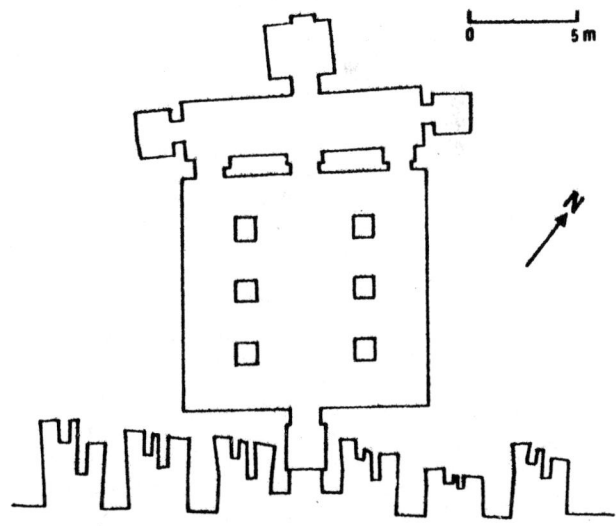

Der kleine Tempel von Abu Simbel.

1

2

3

4

5

6

1. Nefertari opfert der Göttin Hathor; Relief im kleinen Tempel von Abu Simbel.

2. Ramses II. erschlägt seine Feinde; Relief im Großen Tempel von Abu Simbel.

3. Der wiederaufgebaute Große Tempel von Abu Simbel am Rand des Nasser-Stausees.

4. Vorderfront des kleinen Tempels von Abu Simbel.

5. Die Kartuschen von Ramses II. in einem Relief auf der Vorderfront des großen Tempels von Abu Simbel. In der Mitte sieht man noch die Spuren der Säge, als die Felsblöcke zum Transport zersägt werden mußten.

6. Erste Halle mit Osiris-Säulen im Großen Tempel von Abu Simbel.

◁ Die Kolossalfiguren vor dem Großen Tempel von Abu Simbel.

Die Ausgrabungen bei Abdallah Nirqi

Hatten die Gläubigen in der kleinen Kirche von Abdallah Nirqi eine besondere Vorliebe für Heilige zu Pferd? Und für Engel, von denen nicht weniger als neun die Wände zieren? Einer der Berittenen scheint ein nubischer Fürst gewesen zu sein; ein anderer hilft einem kleinen Nubier, der aus irgendwelchen Gründen in einen Krug geraten ist und dem herbeieilenden Ritter lauthals »Kyrie eleison!« entgegenruft. Da Namen unter den Bildern fehlen, erfährt man leider nicht, um welchen Vorfall im Leben des Heiligen es hier geht.

Es gab viele Fresken auf den weiß verputzten Wänden, in ihrer Qualität stehen sie denen von Faras kaum nach, wenn jene auch unerreicht sind. Die Fresken stammen aus zwei Perioden: die älteren heben sich dunkelrot, schwarz, braun, weiß, gelb und dunkelgrün vom rosa Untergrund ab; sie sind lebendiger und insgesamt auch sorgfältiger in der Ausführung.

Zu den wertvollsten Beispielen gehören eine Geburtsszene, Maria mit dem Kinde, die vier Evangelisten (teilweise über eine andere Maria mit einem Engel gemalt), außerdem Reiter, Heilige, Engel, Priester und ein eindrucksvoller Christuskopf im Heiligenschein eines edelsteinbesetzten Kreuzes, umgeben von Engelsschwingen und den Symbolen der vier Evangelisten. Wer waren die Künstler, die solche Bilder in nubischen Kirchen malten? Die Beherrschung der schwierigen Fresko-Technik und die künstlerische Vollkommenheit beweisen, daß es Meister ihres Fachs waren. Man erkennt stellenweise sogar den unverwechselbaren Stil eines einzigen Malers. Diese Freskenmaler waren wahrscheinlich reisende Künstler, die bald hier, bald dort einen Auftrag ausführten.

Als die niederländische Expedition einige Kilometer nördlich von Abu Simbel mit den Ausgrabungen begann, glaubten die Archäologen zuerst, hier wäre nur eine Stadt freizulegen, deren Konturen man teilweise noch an der Oberfläche dieses Meeres aus Sand erkennen konnte. Sie waren mit dem Schiff Bet el-Wali (das während ihrer Arbeiten zugleich Reisefahrzeug und Hauptquartier war) nach Schokan gekommen, wie der Ausgrabungsort jetzt heißt. Die Expedition setzte sich aus sechs Mitgliedern des Archäologischen Museums Leiden und 35 nubischen Arbeitern zusammen. In zwei Grabungs-Kampagnen, 1962/63 und 1963/64, deckte sie eine meroitische Stadt und die Kirche von Abdallah Nirqi auf, deren Fresken sie barg.

Die ausgegrabene Stadt war schon seit 1907 bekannt. Damals hatte Weigall sie entdeckt und festgestellt, daß sie ein Ausmaß von 220 mal 120 Meter hatte, für eine Stadt nicht gerade viel. Emery legte später (1929 bis 1931) noch ein Gräberfeld frei, aber die endgültige Ausgrabung der Stadt begann erst 1962 durch die niederländischen Forscher. An verschiedenen Stellen zeichneten sich in der Sandfläche noch die Hausmauern ab: der Wüstensand hatte die Häuser zugeweht und wie eine Decke geschützt. Schon im Altertum muß dieser Flugsand den Menschen dort viel Ärger bereitet haben. So kam es, daß neue Bewohner ihre Wohnungen auf den Dächern alter, zugewehter Häuser errichteten. Das kuriose dabei: die alten, darunter liegenden Zimmer wurden freigeschaufelt und dienten als Kellerräume.

Eine solch komplette Stadt, wie man sie bei Schokan ausgrub, gibt es nur sehr selten. Deshalb brachte dieser Fund auch eine Fülle neuer Erkenntnisse, vor allem, was die Häuser aus der sogenannten dritten Epoche (der ältesten) angeht. Bei Probegrabungen fand man in vier Meter Tiefe die Fundamente: dort waren Häuser bis auf die Grundmauern abgerissen worden, und auf den Mauerresten entstanden dann die neuen Gebäude. So konnte die Stadt dem Flugsand und den Wanderdünen bis ins vierte Jahrhundert hinein standhalten.

Es gab nicht weniger als dreißig Häuserblocks. Anfangs wurden nur Häuser mit drei Zimmern gebaut, die dann zu Blocks mit bis zu zwanzig Räumen erweitert wurden – ein System, das man in Ägypten heute noch antrifft. Zuerst baut die Familie sich ein kleines Haus; wächst die Familie dann allmählich,

Meroitische Siedlung bei Schokan. Dieser Häuserkomplex war in den ersten vier Jahrhunderten unserer Zeitrechnung bewohnt. Im Hintergrund die Tempel von Abu Simbel.

wird Zimmer für Zimmer angebaut, bis schließlich ein verwickeltes Gebilde aus zahlreichen Räumen mit Fluren und Treppen entsteht, in dem sich nur Familienmitglieder zurechtfinden, aber kein Fremder. Jeder Häuserkomplex hatte einen monumentalen, aber schlichten Eingang aus Naturstein. Auch die Treppenhäuser, oft umgebaut, weil die Familie wuchs oder weil der Flugsand sie verschüttete, waren aus Naturstein. Alles andere bestand aus Ziegeln, einschließlich der spitzen Gewölbe, die das Dach bildeten. Die Zimmer wurden weiß verputzt und mit roten Streifen verziert, oder man malte weiße Zierflächen auf schwarzen Untergrund. In die Mauern waren häufig Nischen eingelassen. Die Fußböden bestanden – wie auch heute noch in Ägypten – aus gestampftem Lehm, wobei neue Böden meist auf die alten aufgetragen wurden. Kein Wunder, daß manchmal die Türdurchbrüche deswegen erhöht oder Treppen umgebaut werden mußten. In solchen Häusern lebten oft viele Menschen unter einem

Dach. Entsprechend mannigfaltig waren auch die Funde: Spielzeug, Perlen, Essensreste, Mörser und Stampfgefäße zur Mehlherstellung, unzählige Scherben und auch steinerne Gewichte von Webstühlen. Offenbar hat es in Schokan eine Art Weberei-Heimindustrie gegeben – zumindest deutet die Vielzahl der entdeckten Webstuhlgewichte darauf hin.

Diese Stadt lenkte die Aufmerksamkeit wieder auf die Eigenarten der meroitischen Kultur, die ihrem Ursprung nach afrikanisch (nicht etwa nordafrikanisch) ist, aber starke ägyptische Einflüsse verrät. Sie weist eigenartige Mischelemente auf; die gefundenen Öllampen waren hellenistisch, die übrige Keramik zeigt griechisch-römischen Einfluß, der Schmuck der Häuser wiederum war typisch afrikanisch-ägyptisch. Die Keramik hat auffallend dünne Wandungen und ist von guter Qualität. Eine recht merkwürdige Entdeckung machte man in der Ecke eines Innenhofes. Dort fand man eine große Scherbe mit Hausentwürfen eines Architekten (?), der verschiedene Versionen durchspielt. Ein wirklich einzigartiger Bauplan.

Im zweiten Ausgrabungsjahr kam das westliche Stadtgelände an die Reihe. Dort gab es Varianten der früheren Bauweise. Mehrere Hauskomplexe waren zugleich umgebaut worden, aber die Selbständigkeit der Familien blieb erhalten. Im Zentrum wurden vier solcher Häuser ›gebündelt‹ und durch neue Zimmer vergrößert. Darüber hinaus fand man noch einen zweiten Haustyp, bestehend aus einem großen Wohnraum und zwei kleinen nebeneinanderliegenden Zimmern, die als Schlaf- oder Vorratskammer gedient haben können. Es waren also rechteckige, freistehende Einfamilienhäuser aus Ziegelsteinen, mit Lehmböden, verputzten Mauern und dem Naturstein-Hauseingang als einzigem Schmuck. Da die Wände nur einen Stein dick waren, gab es keine Nischen. Die dünnen Mauern trugen deshalb auch kein steinernes Dach, sondern ein mit Lehm verschmiertes Geflecht aus Palmblättern und Palmstämmen. Einige leerstehende Häuser müssen – angesichts der ungeheuren Mengen Mist – lange Zeit als Ziegenstall gedient haben.

Etwas abseits stand ein recht eigenartiges Haus, das für seine Bewohner bestimmt kein idealer Wohnsitz gewesen sein kann. Es hatte drei Räume, von denen nur der größte einen Ausgang nach draußen besaß; die beiden Zimmer daneben konnte man nur durch ein Loch hoch oben in der Zwischenwand erreichen. Das wird sicherlich seinen Sinn gehabt haben, aber welchen – das weiß man bis heute nicht.

Verblüffend sind auch die reichen Funde meroitischer Keramik aus vier Jahrhunderten. Ebenfalls sehr schön sind eine Anzahl demotischer und meroitischer Inschriften, Werkzeuge und sogar ein ›Hort‹, bestehend aus eisernen Äxten und römischen Bronzegefäßen.

Das Leben in dieser Siedlung war keineswegs ärmlich. Man kannte Ackerbau und Viehzucht, und Keramiken aus dem Norden wie aus dem Süden bekräftigen, daß Heimindustrie (Weben) und Handel blühten.

Ungefähr einen Kilometer von Schokan entfernt lag Abdallah Nirqi, ein vom Sand zugewehter Ruinenhügel, der recht vielversprechend aussah. Weigall war bereits 1907 dort gewesen und glaubte, er stünde vor den Resten eines griechisch-römischen Forts. 1935 fand der Italiener Monneret de Villard dort eine Kirche, und 1962 entdeckte Harry Smith eine ›Zitadelle‹ und die Kirche.

Die niederländische Expedition wußte, was sie erwartete, als sie ihre Arbeit in Abdallah Nirqi aufnahm: im östlichen Teil des Terrains eine Kirche mit einem Gräberfeld, im Westteil eine bis auf die Fundamente geschleifte zweite Kirche und in der Mitte eine noch drei Meter hohe, jedoch von Flugsand total verschüttete Kirche.

Diese dritte Kirche mit den schönen Fresken war sehr gut erhalten, sie maß 15 mal 12 Meter – für eine Kirche nicht besonders groß –, und war aus Ziegelsteinen auf felsigem Grund errichtet. In früheren Zeiten war der Bau schon einmal unter Flugsand begraben worden, er wurde aber immer wieder benutzt, was angesichts der ständigen Sandattacken nicht gerade ein frommes Vergnügen gewesen sein muß.

Der Eingang zur Kirche lag im Südwesten und sollte durch eine vorgebaute Mauer vor dem Sand geschützt werden. Weil der Sand draußen aber bis zum Dach reichte, hatte man vom Innern der Kirche aus eine Treppe zur Mauer gebaut und konnte also – solange die Kirche nicht vollgeweht war – vom Dach aus ins Kircheninnere hinabsteigen. Der zugemauerte Eingang im Nordwesten zeigt, daß hier offenbar der Versuch, den Flugsand fernzuhalten, hoffnungslos gescheitert war. Ein zweiter Eingang befand sich in der Westmauer.

Die Kirche verfügte über ein Mittelschiff und zwei Seitenschiffe mit zwei mal drei Bögen. Am Westende des Gotteshauses befand sich ein Treppenhaus, dazu ein Konsignatorium (?). Im Osten lag die Apsis mit dem eigenartig schief gestellten Altar, die Sa-

Die dreischiffige große Kirche von Abdallah Nirqi. Die Rückwand des rechten Kirchenschiffs trägt eine Freskenmalerei mit einer Darstellung der Majestas Domini (etwa aus dem Jahre 900 n. Chr.). Diese Kirche wurde von etwa 750 bis 1400 nach Christus benutzt.

kristei, und zwischen Apsis und Kirchenschiff gab es eine Ikonostase aus Naturstein mit zwei einfach verzierten Steinsäulen. Eine siebenstufige Treppe führte zur Kanzel hinauf. Im östlichen Kirchenteil, im Mittelschiff, legte man einen großen steinernen Taufbrunnen frei. Ein Kreuz und ein Weihrauchfaß aus Bronze, eine Ikone auf Holz und etliche Lampen aus Ton lassen darauf schließen, wie die Kirche eingerichtet gewesen sein muß.

Die Fresken – der bedeutendste Fund in dieser Kirche, die man beim besten Willen weder als schön noch als imposant empfinden kann – stammen aus zwei verschiedenen Epochen; die schönsten sind etwa aus der Zeit um 1000 v. Chr. Jugoslawen und Ägypter haben die Bilder restauriert, präpariert und von den Wänden gelöst. Bei den 23 Abbildungen mußte insgesamt eine Fläche von dreißig Quadratmetern bearbeitet werden. In einer Kirche, die in Ägypten neu gebaut werden soll, wird man sie wieder anbringen.

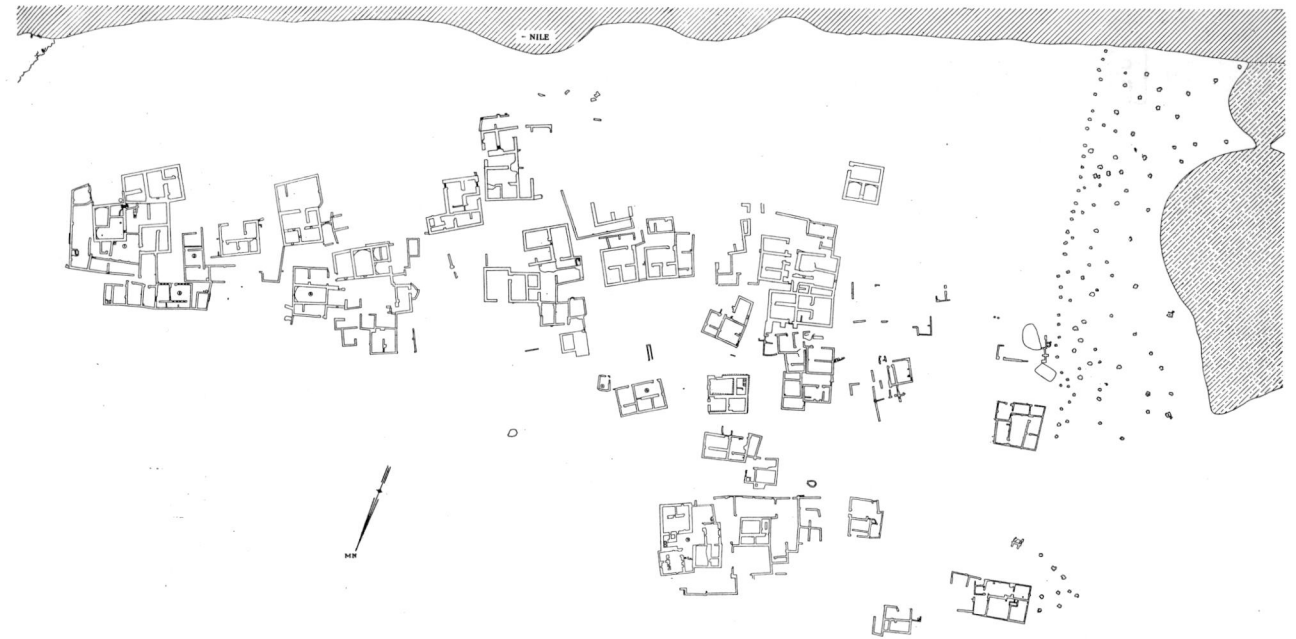

Die meroitische Wohnsiedlung von Schokan.

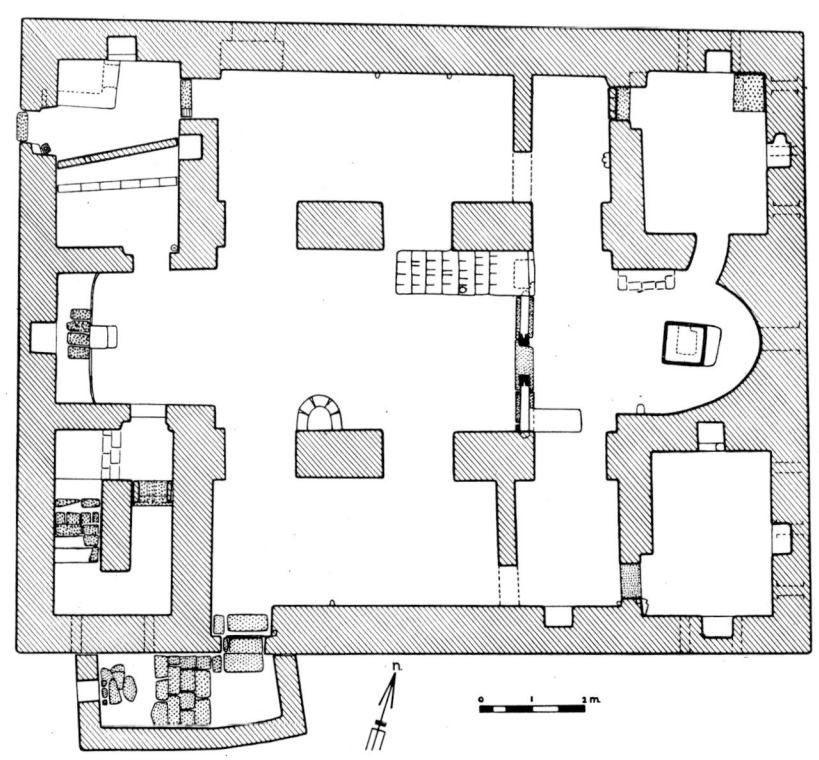

Die große Kirche von Abdallah Nirqi.

Die Funde bei Toschka

Toschka muß ein bedeutendes Zentrum des Distrikts Miam in Nubien gewesen sein. Es gab dort vorgeschichtliche Felszeichnungen, die Tiere, Boote und Menschen mit Pfeil und Bogen darstellen. In der Gegend der alten Stadt, von der man Überreste fand, wurden bereits zu Beginn dieses Jahrhunderts Gräber aus vielen Epochen entdeckt. Den bedeutsamsten Fund machte 1961 eine amerikanische Forschergruppe unter Leitung von William Kelly Simpson. Sie fand ein Grab, das mit 99prozentiger Sicherheit einem Mann zugeschrieben werden kann, dessen Name zwar bekannt war, von dem man aber sonst nicht viel wußte. Es ging um das Grab des Prinzen Heka-Nefer, der während der Regierungszeit Tutanchamuns (1349–1341 v. Chr.) lebte. Archäologen der Universitäten Yale und Pennsylvania untersuchten eine Anzahl allerdings total ausgeplünderter Gräber und hatten das Glück, fünf schöne Uschebtis zu finden, die den Namen Heka-Nefers trugen. Eine höchst erfreuliche Entdeckung, zumal sie durch Inschriften und Abbildungen auf den Wänden bestätigt wurde.

Die Paläste der Vizekönige Nubiens müssen während des Neuen Reiches (1570 bis 1080 v. Chr.) wie die Hauptstadt Miam (Aniba) auf der weiten Ebene am Nilufer gelegen haben. Von hier aus wurde Unter-Nubien im Namen des Pharao regiert.

Die Gewinnung der reichen Schätze des Landes oblag dem hohen Adel, den Prinzen von Miam, zu denen auch Heka-Nefer gehörte.

Dank der Malereien im prächtigen Grab des Hui, eines Vizekönigs von Nubien, wußte man immerhin einiges über diesen Heka-Nefer. Huis Grab liegt in West-Theben und schildert in reicher Malerei sein Leben und Wirken, u. a. auch einen Empfang hoher nubischer Adliger – mit eben jenem Heka-Nefer an der Spitze, im Gewand eines mächtigen nubischen Fürsten: Pantherfell über der Schulter, Straußenfeder im Haar, goldene Ringe in den Ohren. Darunter ist sein Titel vermerkt: Prinz von Miam. Hinter ihm sieht man sein Gefolge. Eine ägyptisch gekleidete nubische Prinzessin steht noch auf ihrem eleganten,

Uschebti-Fragment: es stellt Heka-Nefer dar und wurde in dessen Grab bei Toschka gefunden.

Die Fürsten Nubiens bringen dem Vizekönig Hui Tribut in Form von Gold. Zeichnung nach einer Wandmalerei im Grab des Vizekönigs in Theben.

von Ochsen gezogenen Reisewagen, einen Fächer Straußenfedern auf dem frisch frisierten Köpfchen. Danach kommen die Großen von Kusch. Männer von dunklerer Hautfarbe, mit Straußenfedern und goldenen Ohrringen geschmückt.

Wer war Heka-Nefer?

Möglicherweise war er der Sohn eines nubischen Stammes-Oberhauptes, das sich gegen Ägypten erhob und unterworfen wurde. Dann wäre Heka-Nefer als Kind beim Niederschlagen des Aufstandes von ägyptischen Offizieren gefangengenommen worden. Da es aber zum ägyptischen System gehörte, die Kinder besiegter Vasallen ägyptisch zu erziehen, wurde vielleicht auch Heka-Nefer nach Theben geschickt; und angesichts der hohen Stellung seines Vaters, des Prinzen von Miam, kam er in den königlichen Harem, um dort zusammen mit den Kindern des Pharao erzogen zu werden. Mit ihnen lernte er Sport und Spiel und genoß die militärische Ausbildung und Schulung in allen Fächern, die ein Mann von Adel beherrschen mußte. So wurde er zum intimen Freund der königlichen Kinder, was ihm eine ganze Reihe imposanter Titel einbrachte:

›Sandalenmacher des Königs‹, ›Träger des Feldstuhls des Herrn der Zwei Länder‹. Die Inschriften zu seinen Abbildungen berichten davon, daß er »erzogen wurde als königliches Kind im Harem mit den königlichen Prinzen«.

Heka-Nefer unterstanden Schiffsverkehr und Transport auf dem Nil, das weist darauf hin, wie wichtig die Prinzen von Miam gewesen sein müssen. Ob er deshalb in Huis Grab eine so bevorzugte Rolle spielte? Geprägt von der ägyptischen Erziehung, kehrte der erwachsene junge Prinz nach Nubien zurück, um dort seinen Auftrag zu erfüllen. Wie sehr er sich als Ägypter fühlte, kann man aus seinem eigenen Grab erkennen. Denn dort ist auch nicht der kleinste Hinweis darauf zu finden, daß der Tote ein nubischer Fürst war. Nur in Huis Grab ist er als solcher zu erkennen.

Der Felsen von Kasr Ibrim

Kasr Ibrim – die Festung Ibrahims – steht auf einer der vielen Bergkuppen am östlichen Nilufer. Von hier aus hat man freien Ausblick in die weite Umgebung. Im Norden und Süden des Berges liegen ausgedehnte Gräberfelder voller großer und kleiner Grabkammern, die jedoch alle geplündert sind, mit Ausnahme der wenigen, die erst 1962 freigelegt wurden.

Kasr Ibrim war wie geschaffen dazu, als Festung ausgebaut zu werden. Heute ist es nur noch eine Insel im Nasser-Stausee. Der Felsen machte zum ersten Mal Geschichte, als der römische Feldherr Petronius dort die einäugige Kandake, eine schwarze meroitische Fürstin, samt ihren Truppen schlug, nachdem sie vergeblich versucht hatte, Kasr Ibrim zu erstürmen.

Der hohe, steil aus dem Nil aufragende Felsen war ein strategisch wichtiger Punkt. Petronius ließ den Felsen deshalb zur Festung ausbauen, in der eine Garnison lagerte. Kaiser Augustus hob die Garnisons-Stellung wieder auf, als er die Grenze etwa hundert Kilometer weiter nördlich, in der Gegend von Hierasykaminos zog. Kasr Ibrim geriet aufs neue unter meroitische Herrschaft.

Im Jahre 261 n. Chr. fielen die Blemmyer in Ägypten ein und zogen bis nach Ptolemais, der von Ptolemaios I. gegründeten Stadt in der Provinz Theben. 297 wiederum verlief die Grenze bei Assuan, und die Nobaden, ein Nomadenvolk, hielten sich jetzt in der Gegend der von den Römern verlassenen Festungen auf.

390 befahl Kaiser Theodosius die Zwangs-Christianisierung Ägyptens, und sämtliche Tempel wurden geschlossen. Sehr zum Unwillen der heidnischen Nobaden und Blemmyer, die sich gegen eine solche ›Bekehrung‹ natürlich sträubten. Die Nobaden waren die mächtigsten Widersacher, denn sie hatten wenig vorher, im Jahre 359, Meroe erobert.

Kaiserin Theodora von Byzanz, Gemahlin des Kaisers Justinian, entsandte in den Jahren vor 540 einen persönlichen Beauftragten namens Julianus nach Nubien. Ihm gelang es, den König von Nobatia zu bekehren. Von nun an war Nubien ein christliches Land. Wer damals in Kasr Ibrim lebte, ist nicht bekannt, aber die Tatsache, daß später auf dem Berg eine sehr schöne Kirche errichtet und die Stadt Bischofssitz wurde, läßt die Vermutung zu, daß Ibrim große Bedeutung erlangt hatte. Wie auch immer, es folgte eine Periode von mehreren Jahrhunderten relativer Ruhe.

Im Jahre 1171 wurde der Friede durch eine Anzahl Nobaden gebrochen, die die Gunst der Stunde nutzen wollten: denn die Fatimidenherrschaft ging zu Ende, als der große Saladin – jener berühmte Widersacher von Richard Löwenherz während des dritten Kreuzzuges – Ägypten eroberte. Die Nobaden werden wenig über Saladin gewußt haben, denn in jenen Tagen verbreiteten sich Neuigkeiten äußerst langsam. Sie nahmen nach kurzem Kampf Assuan ein und machten sich auf, nach Ober-Ägypten zu ziehen. Saladin griff nicht selbst ein. Er schickte seinen Bruder Schams ed-Daulah, einen nicht gerade sanftmütigen Herrn. Der machte denn auch kurzen Prozeß mit der Feste Kasr Ibrim. Der Geograph Abu Saleh gibt folgende Schilderung:

»... die Stadt Ibrim, wo der Gott vom Berge herrscht, ist von einer Mauer umgeben. Dort steht eine schöne, große Kirche ... benannt nach der Unbefleckten Jungfrau Maria. Die Kirche hat eine große Kuppel mit einem Kreuz darauf. Im Jahre 1173 zog Schams ed-Daulah nach Ober-Ägypten und eroberte diesen Landstrich. Sie legten die Stadt in Schutt und Asche und nahmen die Nubier gefangen. Man sagt, daß es 700 000 Nubier ... und 700 Schweine waren. Schams ed-Daulah befahl, das Kreuz ... zu verbrennen und ... der Muezzin sollte von der höchsten Stelle aus singen. Seine Truppen ... plünderten die Kirche und schlachteten die Schweine. Und es wurde ein Bischof in der Stadt gefunden, und er wurde gemartert; ... Schams ed-Daulah nahm ihn zusammen mit dem Rest gefangen. Und er warf sie in die Festung, die auf einem Berge liegt und sehr mächtig ist.«

Für Nubien brach nach den vielen Unruhen wieder eine recht friedliche Zeit an. Erst die Ereignisse von 1517 hatten auch auf Kasr Ibrim ihre Auswirkungen. Die Türken eroberten und plünderten Ägypten. Unter Selim I. wurde auch Nubien total ausgeraubt, der türkische Herrscher bestellte einen Gouverneur und ließ die Festungen in Assuan, Ibrim und an einigen anderen Stellen besetzen. Selim entsandte eine Garnison von Bosniern, Albaniern also, nach Ibrim – und vergaß sie dort! Generationen lang saßen die Bosnier in Ibrim und vermischten sich mit der einheimischen Bevölkerung. Amelia Edwards sah während ihres Besuchs im Jahre 1877 Nubier mit weißer Haut und Frauen mit rotem Kraushaar und hellblauen Augen, was sie ziemlich häßlich fand. Die Bosnier machten sich das Leben im Fort einigermaßen bequem, indem sie Häuser aus Stein bauten. Dieser Frieden fand ein Ende, als die Mamelucken nach Süden gedrängt wurden und die Bosnier nach hartem Kampf verjagten. Die Herrschaft der Mamelucken jedoch währte ebenfalls nicht lange; denn Mohammed Ali, der große ägyptische Eroberer, schickte seine Truppen nach Kasr Ibrim, und unter dem Kommando von Ibrahim Pascha wurden die Mamelucken aus der Festung vertrieben.

Mohammed Ali träumte denselben Traum wie schon so viele vor ihm: aus Nubien kamen Gold und alle jene Schätze, die ein Herrscher sich nur wünschte – und die er so brotnötig hatte. Doch von all den schönen Träumen blieb in der Wirklichkeit nicht

Der Felsen von Kasr Ibrim ragt trotz der gestiegenen Flut aus dem Stausee: der letzte Ort im nördlichen Teil Nubiens, wo heute noch Ausgrabungen möglich sind.

Zu den zahlreichen Schrift-Dokumenten, die im Lauf der vielen Ausgrabungs-Kampagnen in Kasr Ibrim entdeckt wurden, gehören auch diese koptischen Texte auf Pergament und Papyrus.

viel übrig, wurde das arme Nubien auch ausgequetscht wie eine Zitrone. Von Kasr Ibrim blieb beinahe nichts. Ibrahim Pascha verwüstete es 1812 total, und danach hat sich niemand mehr dort niedergelassen.

Die moderne Archäologie hat uns gelehrt, daß ein so wichtiger Ort wie Kasr Ibrim schon sehr früh besiedelt gewesen sein muß. Man fand prähistorische Felszeichnungen von Giraffen und Antilopen. Aber auch die Pharaonen kannten den gewaltigen Felsen und hinterließen dort ihre Spuren, ebenso jene, die in ihren Diensten standen. In den verschiedenen Epochen waren nicht weniger als fünf Kapellen in den Felsen gehauen worden. Die erste Kapelle ließ Vizekönig Nehi bauen, der unter Pharao Thutmosis II. (1508–1490 v. Chr.) regierte. Die zweite Kapelle geht auf Setau zurück, Vizekönig unter Ramses II. (1298–1231 v. Chr.). Die dritte Kapelle war Thutmosis III. und Königin Hatschepsut gewidmet (1490–1468 v. Chr.), die zu der Zeit noch gemeinsam regierten. Nachdem Thutmosis die Macht allein an sich gerissen hatte, ließ er den Namen Hatschepsuts entfernen, was heute noch deutlich zu sehen ist. Die vierte Kapelle schließlich war die wichtigste. Sie wurde unter Amenophis II. (1439–1413 v. Chr.) erbaut: auf den Reliefs nimmt der Pharao den Tribut aus Nubien entgegen, unter anderem zwei Leoparden, die von zwei Höflingen herbeigeführt werden. Links steht der Pharao mit Horus, dem Gott von Buhen, vor einer Reihe anderer Götter; in einer Nische in der Rückwand der Kapelle wird der König umarmt, rechts vom Horus von Miam, links von der Göttin Satis, der Schutzgöttin des Ersten Katarakts. Die fünfte Kapelle enthält keine Reliefs. Auch Sethos I. (1312–1298 v. Chr.) hat seine Spuren bei Kasr Ibrim hinterlassen. Auf einer steilen Klippe an der südlichen Seite des Felsens ließ er ein Relief und Inschriften anbringen, die von seinen Siegen berichten.

Als der Nil Kasr Ibrim bedrohte, bekam Großbritannien den Auftrag, den Felsen und seine Umgebung zu untersuchen. Ein glücklicher Entschluß, denn er brachte reiche Ausbeute. In Kasr Ibrim entdeckte Professor Plumley von der Egypt Exploration Society in der wahrhaft riesigen Kirche – der schönsten, die man in Nubien fand – das Grab des Bischofs Timotheus aus dem 14. Jahrhundert. Der Bischof war in vollem Ornat beigesetzt. Zwischen seinen Gewändern lagen zwei Rollen, jede fast fünfeinhalb Meter lang, mit einer Art Biographie. Eine Rolle war in Alt-Nubisch verfaßt, die andere war eine Kopie des Textes in Arabisch. Ihr Inhalt bezieht sich auf die Zeitspanne von Timotheus' offiziellem Amtsantritt als Bischof von Alt-Kairo bis zur Ernennung zum Bischof der vereinigten Bistümer von Ibrim und Faras. Beide Rollen stammen aus dem Jahre 1372. Bis dahin also muß das Christentum auf alle Fälle in Nubien sehr verbreitet gewesen sein.
In einem nubischen Haus fand sich ein Topf mit neun weiteren Leder-Rollen in Alt-Nubisch und Fragmenten von Manuskripten in Griechisch, Koptisch, Alt-Nubisch und Arabisch.

Auch die Ausgrabungen Professor Emerys auf den anfangs so trostlos scheinenden großen Gräberfeldern brachten etliche Überraschungen. Förderten sie doch eine Menge Hinweise auf jenes merkwürdige Volk zutage, dem man den Namen X-Gruppe gegeben hatte, und von dem man kaum etwas wußte. Heute vermutet man, es könnte sich um die schon so oft erwähnten Nobaden handeln. Die Menschen dieser X-Gruppe haben bis in die zweite Hälfte des 6. Jahrhunderts in der Festung von Kasr Ibrim gelebt.
Emery hatte zuerst nicht weniger als 300 ausgeraubte Gräber untersucht, aber nichts von Bedeutung gefunden. Dann stieß er plötzlich auf zwei nicht geplünderte Lagerräume hinter der eigentlichen Grabkammer. In diesen Grab-Magazinen lagen die schönsten Dinge: bronzene Gefäße und Lampen (eine davon in Form eines Kamels), prächtige Geschenke aus elegant geformtem Glas, Kästchen und Dosen aus Holz, und sogar – eine Seltenheit! – die Reste eines Teppichs, dessen Farben Blau, Gelb, Grün und Rot noch sehr gut erhalten waren. All diese Funde paßten exakt zu einer anderen Entdeckung, die Emery zwischen 1931 und 1933 gemacht hatte. Bei Ballana und Qustul, direkt an der Grenze zum Sudan, fand er große, aus Ziegelsteinen gemauerte Gräber mit mehreren Kammern. Diese Grabkammern lagen jeweils in einer tiefen Grube, die man bei einem Begräbnis nur über gesondert angelegte, schräge Zugänge erreichen konnte. Eins der noch erhaltenen Gräber gehörte einem König. Zum ersten Mal erfuhr man etwas aus dem Leben dieser Menschen. Der König war im vollen Ornat und mit der edelsteinverzierten, silbernen Krone meroitischen Stils in der Grabkammer bestattet. Die Grabbeigaben verrieten viel von den barbarischen Sitten dieses Volkes. In den Seitenkammern lagen die getöteten Frauen und Sklaven des Königs. Dazwischen standen prachtvolle Möbel und Gebrauchsgegenstände. Die Pferde des Königs hatte man den schrägen Gang hinabgeschleppt und ebenfalls getötet. Sie waren prächtig geschmückt und hatten Sättel auf schönen Satteldecken aus Schafsfellen sowie außergewöhnlich reich versilbertes Zaumzeug. Ein riesiger Erdhügel war auf die Grabkammer getürmt worden: ähnlich den allerdings viel kleineren Hügeln über den Gräbern bei Kasr Ibrim.
Sämtliche Schätze dieses Königs sind heute im Museum von Kairo in voller Pracht zu besichtigen.

Die Felsenkapelle von Ellesija

![Die Felsenkapelle von Ellesija im ursprünglichen Zustand.]

Die Felsenkapelle von Ellesija im ursprünglichen Zustand.

Äußerlich ist diese Felsenkapelle, von Thutmosis III. (1490–1436 v. Chr.) erbaut, nicht besonders groß oder auffallend. Aber die herrlichen Reliefs im reinsten Stil der 18. Dynastie wiegen diesen Mangel an räumlicher Größe auf. Die in die Felsen gehauene Kapelle lag hoch in einer steil aufragenden Felswand und bestand aus einem Querraum sowie einer Nische in der Rückwand. Eine datierte Stele von Thutmosis III. gibt nicht nur dessen Namen, sondern auch das Baujahr an. Die Stele ist allerdings so stark beschädigt, daß man nicht mehr genau erkennen kann, ob es sich um das 43. oder 50. Regierungsjahr handelte. Auf der Fassade des Tempels fand man eine Anzahl Inschriften, u. a. von einem Hohenpriester des Horus' von Miam, einem gewöhnlichen Priester desselben Gottes und einem Beamten aus Wawat (Nubien). Außerdem gibt es die Stele eines ramessidischen Prinzen, der Amun-Rê und dem Horus von Miam Opfer darbringt – und wer liegt dort auf den Knien? Setau, der Vizekönig, der so gern überall seinen Namen geschrieben sah!

Vorbereitungs-Arbeiten, um die Kapelle aus dem Felsen herauszulösen.

Thutmosis III. opfert einzelnen Göttern (Relief in der Kapelle).

Thutmosis III. in Begleitung der Göttinnen Satis und Anukis.

Auf der datierten Stele betet Thutmosis III. die Gottheiten Horus und Satis an, auch alle Reliefs im Tempelinnern nehmen Bezug auf die Verehrung lokaler Gottheiten, z. B. der Anukis.

In der Mauernische standen drei stark beschädigte Statuen, möglicherweise der Pharao zwischen dem Horus von Miam und einem anderen, nicht mehr zu identifizierenden Gott. Außerdem gab es einige sehr schöne Reliefs.

1965 wurde der Tempel aus dem Felsen herausgesägt, d. h. man entfernte nur die Reliefs. Sie sind heute in einem Turiner Museum ausgestellt – Ägyptens Dank für die Hilfe Italiens bei der Rettungsaktion der nubischen Baudenkmäler.

Eine Besonderheit, die schon Weigall an diesem Tempel auffiel, waren die in regelmäßigen Abständen angebrachten rechteckigen Öffnungen an der Vorderfront. Er nahm an, daß ein Holzdach dort früher eine Art Vorportal zum Tempel bildete; denn auch der Boden vor dem Tempel war bearbeitet worden und hätte der Fußboden dieser Vorhalle sein können. Oberhalb des Tempeleingangs prangt eine Kartusche Thutmosis' III. Sämtliche Reliefs hatten schwer unter den Fledermäusen gelitten, die die Kapelle jahraus – jahrein als willkommene Unterkunft nutzten. Es bedurfte großer Anstrengungen der Restaurateure, um die Reliefs soweit wieder ›salonfähig‹ herzurichten, daß man sie in einem Museum aufstellen konnte. Seit 1970 nun bildet die restaurierte Kapelle innerhalb der prächtigen Sammlung ägyptischer Denkmäler ein neues Kleinod.

Ellesija	
Errichtet durch:	Thutmosis III.
Entstehung:	ca. 1445 v. Chr.
Abbruch:	Von einer italienischen Expedition aus dem Felsen herausgesägt.
Wiederaufbau:	1967–1970
Standort:	Ägyptisches Museum, Turin, Italien.
Maße:	ca. 6 m breit, 7 m tief.
Geweiht:	Horus von Miam, Satis.

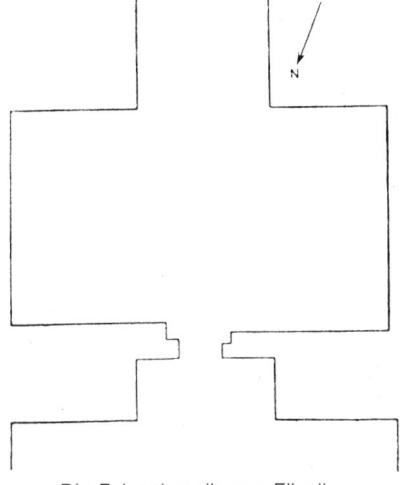

Die Felsenkapelle von Ellesija.

Das Grab des Pennut

Links: Dr. W. Hayes (†) vor einem der bemalten Wandreliefs im Grab des Pennut in Aniba.

Rechts: Ausgrabungen in der ehemaligen Hauptstadt der Vizekönige von Nubien legten auch Gräber der C-Gruppen-Kultur frei. Aus einem der Gräber stammt dieser mumifizierte Kopf.

Unten: Die Expedition der Universität von Kairo bei Ausgrabungsarbeiten in Aniba.

Dort, wo heute das Dörfchen Aniba auf dem Grund des Nasser-Stausees liegt, befand sich ursprünglich die nubische Stadt Miam. Schon 1912 entdeckte Steindorff Gräber der C-Gruppe, aber auch Reste eines Forts, das Sesostris I. (1971–1928 v. Chr.) aus der 12. Dynastie hatte errichten lassen. Alles war ziemlich zerfallen, aber zahllose Tonscherben kündeten von der einstigen Bedeutung Miams. Der Boden am Nil war sehr fruchtbar; es gab feste Wohngemeinschaften, viele Äcker, die Stadt verfügte über Lagerhäuser, Häfen und betrieb rege Flußschiffahrt. Daß dort eine Festung bestand, um all diese Reichtümer zu beschützen, leuchtet ein.

Wie lange Miam besiedelt gewesen sein muß, geht aus einem riesigen Gräberfeld hervor, das vom Mittleren Reich (2040 v. Chr.) bis in die Römerzeit hinein belegt ist.

Das wichtigste dieser Gräber ist das Felsengrab eines gewissen Pennut aus der 20. Dynastie. Er lebte ungefähr um 1150 v. Chr. während der Regierungszeit Ramses' VI. Pennut war Regierungs-Kommissar für die Provinz Wawat und die Steinbrüche, außerdem Verwalter der Tempelbesitzungen in Miam und Umgebung.

Pennut war kein Ägypter, sondern Nubier, was ihn nicht hinderte, sich völlig als Ägypter zu fühlen und zu benehmen. In Nubien gab es diesen ägyptischen Einfluß schon seit langem. Das zeigt eine direkt bei Aniba in der Wüste entdeckte große Stadt aus dem Neuen Reich (1570–1349 v. Chr.). Es muß eine Handelsstadt gewesen sein, was gewiß zu einer starken ›Ägyptisierung‹ der Bevölkerung führte. Auf den Gräberfeldern fand man ägyptische Perlen, Spiegel, Amulette und Keramiken, aber auch nubische Grabbeigaben.

Pennut stand in der Gunst von Pharao Ramses VI., aber er war der Meinung, daß diese Gunst nicht hoch genug sein könnte. Darum ließ er im Tempel von ed-Derr auf eigene Kosten ein schönes Standbild Ramses' aufstellen und sorgte natürlich dafür, daß dies dem König schnell zu Ohren kam. Die Früchte solchen Eifers erntete Pennut dann sehr reichhaltig – wie er es in seinem Felsengrab deutlich nachbilden ließ. Der Pharao war so entzückt von den Ehrenbezeugungen, daß er Pennut zwei silberne Gefäße schicken ließ, gefüllt mit kostbarer Salbe, dazu ein wunderbares Prachtgewand. Wie der Austausch solcher Geschenke vor sich ging, wird auf den Grabreliefs ausführlich erklärt. So wußten nicht nur Pennuts Zeitgenossen, wie hoch er beim Pharao angeschrieben war – wir heute wissen es jetzt auch …

Kein Wunder, daß der Nubier Pennut als guter Ägypter sich im Felsen über Miam ein großartiges Felsengrab bauen ließ. Ein befestigter Weg, von dem noch Reste in Form eines Dammes zu sehen waren, führte hinauf zum Grab, das mit außergewöhnlichen Reliefs geschmückt war. Diese sind als Miniaturen ausgeführt, wobei die ziemlich tief ausmodellierten Fugen des Bildes mit roter und schwarzer Farbe ausgefüllt wurden. Aber Pennuts Grab hat die Zeiten nicht unbeschädigt überdauert – wenn auch die Schäden nicht so schwer waren, daß eine Rettung unmöglich gewesen wäre. Dank einer Finanzhilfe aus Amerika konnten die Reliefs 1964 sorgsam herausgelöst und nach el-Amada gebracht werden, wo sie seitdem ausgestellt sind.

Pennut Aniba	
Errichtet durch:	Pennut
Entstehung:	ca. 1150 v. Chr.
Abbruch:	Reliefs wurden 1964 durch den ägyptischen Antikendienst aus dem Felsen gesägt.
Wiederaufbau:	1965
Standort:	In der Nähe von Aniba.

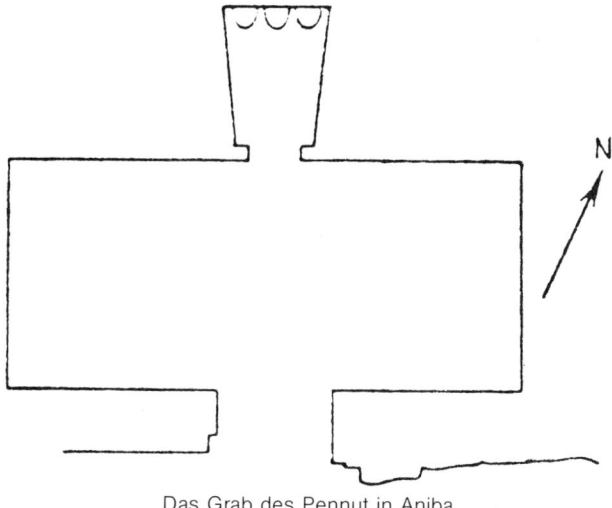

Das Grab des Pennut in Aniba.

Der Felsentempel von ed-Derr

Einst war ed-Derr eine hübsche Stadt im grünen Schmuck von Maulbeerbäumen und Dattelpalmen. Nahebei lag der kleine Felsentempel, von Ramses II. erbaut, der den Namen ›Tempel Ramses' im Hause des Rê‹ trug. In der Tat war der halb in den Felsen gehauene Tempel Rê-Harachte geweiht.
Viel blieb nicht davon übrig. Pylon und Vorplatz waren schon lange verschwunden, die Vorhalle stark zerstört. Sogar die Felswände waren beschädigt.

Der Felsentempel von ed-Derr im ursprünglichen Zustand.

Zwölf quadratische Pfeiler, in drei Vierer-Reihen mit Kolossal-Statuen des Pharao davor, standen an der Rückwand. Von den historisch so wichtigen Reliefs gab es fast nur noch die unteren Reihen, aber diese waren sehr aufschlußreich.
Links vom Eingang aus Felsgestein sieht man die üblichen Kriegsszenen, die Ramses II. so gern anbringen ließ, weil sie hervorragend zum Image des großen Eroberers paßten. Rechts war eine Abbildung der nubischen Feldzüge des Pharao. Reliefs darüber zeigen Ramses mit seinem berühmten Löwen. War der Löwe ein Kampflöwe oder ein Haustier? Auf einem Relief führt Ramses eine Gruppe Gefangener zum Gott, und auch der Löwe ist dabei.

Ein anderes Bild zeigt, wie Ramses einen Trupp gefangener Feinde bei den Haaren packt, und hier beißt der Löwe einen Feind ins Bein!

Champollion, der ed-Derr im Jahre 1829 besuchte, berichtet, daß neben der Abbildung ein Text stand: »Der Diener Seiner Majestät reißt den Feind in Stücke.« Später allerdings kam Breasted zu einer ganz anderen Deutung. Er meinte, der Text spiele auf ein Ritual an, bei dem die Gefangenen dem Gott geopfert würden – was in Wirklichkeit nie der Fall war. Breasted weigerte sich hartnäckig, an die Geschichte vom Kampflöwen Ramses II. zu glauben, weil auf den Reliefs über die Schlacht bei Kadesch – im Tempel von Luxor, im Ramesseum und in Abu Simbel – »endgültig abgerechnet wird mit den Sprüchen, daß Ramses sich bei seinen Aktionen von seinem zahmen Löwen habe begleiten und helfen lassen«. Die abgebildeten Löwen waren seiner Meinung überhaupt keine lebendigen Tiere, sondern nur bildliche Ausschmückungen der Streitwagen oder des Throns. Während der Schlacht von Kadesch hatte Ramses aber tatsächlich einen Löwen bei sich, und diese Tatsache konnte auch Breasted schwerlich leugnen, denn auf allen Kampfbildern, die über die legendäre Feldschlacht berichten, ist der Löwe zu sehen, wenn auch mit gefesselten Vordertatzen. Aber, sagt Breasted, das ist immer noch kein sicherer Beweis dafür, daß der Löwe tatsächlich gekämpft hat. Richtig. Es hätte auch wenig Sinn, im dichten Kampfgetümmel einen aufgeregten Löwen loszulassen. Trotzdem: es gibt noch einen solchen Löwen, und der springt frei neben dem Streitwagen von Ramses her. Jedes Jahr sehen zigtausend Touristen mit eigenen Augen diese Raubkatze in Abu Simbel. Nichts besonderes, erklärte Breasted, das Tier rannte gewöhnlich nebenher, nur wenn die Schlacht losging, wurde es weggebracht.

Ramses muß eine Vorliebe für Löwen gehabt haben. In seinem Tempel in Bet el-Wali hat er einen hübschen kleinen Löwen bei sich, der ganz offensichtlich (noch) kein Kampflöwe ist. Der Kleine sitzt neben dem Thron, und seine niedlichen Pfoten scheinen gefesselt zu sein, aber er hat bereits einen furchteinflößenden Namen: ›Er, der die Feinde verschlingt‹.

Bekannte Ägypten-Reisende haben ed-Derr besucht. Amelia Edwards, die mit ihrem Hausboot den ganzen Nil hinauf- und hinunterfuhr, kam im Jahre 1874 und war entsetzt über das Benehmen der eingeborenen Bevölkerung. Dem Begleiter Amelias wurden von »einer großen Schar brutaler Krimskrams-Verkäufer«, die Kleider beinah buchstäblich vom Leibe gerissen und die Matrosen des Hausbootes mußten ihn regelrecht befreien. Deswegen stellte Amelia Edwards verbittert fest, daß »die Nubier immer noch Wilde sind«. Auch der Felsentempel von ed-Derr fand keine Gnade vor ihren Augen. Sie nannte ihn »plump und nachlässig gebaut. Es ist nur eine alte Ruine, und dazu noch eine ohne jede Schönheit.« Dafür war sie um so begeisterter von der reizvollen Darstellung, wie Ramses sich lässig an eine Palme lehnt und Amun ein Opfer bringt.

Auch Breasted ließ kein gutes Haar an ed-Derr. Er fand, der Tempel sei ein typisches Beispiel der degenerierten Kunst unter der langen Herrschaft Ramses II. Und noch heute hört man häufig dieses abwertende Urteil – weil viele offenbar nicht erkennen wollen, daß der Stil Ramses' ein ganz eigener Stil ist. Ohne Zweifel sind die Tempel von ed-Derr und Gerf Husen schludrig gebaut, und die Bildhauerarbeit ist auf Fernwirkung angelegt. Aber wer die prachtvollen Reliefs von Abu Simbel gesehen hat, mit ihren seltsam eleganten Figuren von Männern und Frauen, Göttern und Göttinnen, der weiß es besser. Und warum, so muß man fragen, sollte Ramses II. nicht seinen eigenen künstlerischen Stil haben? Veränderungen gab es nun mal immer und überall. Wo die Kunst des Mittleren Reiches oder der Amarna-Zeit fortbestand, nahm auch sie erstarrte und überalterte Formen an.

Viele Reliefs mit Schlachten-Szenen zeigen den Pharao Ramses II. in der Begleitung eines Löwen. Hier ein Beispiel aus dem Großen Tempel von Abu Simbel.

Der Tempel von ed-Derr hat in groben Zügen denselben Aufbau wie jener von Gerf Husen. Nach dem schwer beschädigten Vorhof kommt eine Säulenhalle, die aus dem Felsen herausgehauen ist, und deren Decke von sechs quadratischen Pfeilern getragen wird. Die Wände sind mit Opferszenen geschmückt. Dahinter befindet sich das Allerheiligste, bestehend aus drei Kapellen. In der wichtigsten, mittleren Kapelle werden die heiligen Barken aufbewahrt, wie es Abbildungen auf den Wänden darstellen. Die übliche Nische in der Rückwand zeigt Ptah, Amun-Rê, den König selbst und Rê-Harachte. Allerdings sind diese Figuren stark beschädigt. Auch der Tempel von ed-Derr stand auf jahrhundertelang als heilig angesehenem Boden. Darauf weisen Inschriften aus dem Mittleren und dem Neuen Reich hin. Aber es gibt auch uralte, eingekratzte Zeichnungen von Schiffen und Giraffen aus vorgeschichtlicher Zeit. Auf dem Berghang im Osten des Tempels lag ein Felsengrab und eine Felsenhöhle für einen gewissen Amenemheb, der während der Regierungszeit Ramses' II. lebte.

Ägyptische Wissenschaftler übernahmen die Aufgabe, den Tempel von ed-Derr ganz aus dem Felsen herauszusägen (1964) und bei el-Amada wieder aufzubauen.

ed-Derr	
Errichtet durch:	Ramses II.
Entstehung:	ca. 1250 v. Chr.
Abbruch:	1964 vom ägyptischen Antikendienst aus dem Felsen gesägt.
Wiederaufbau:	1965–1968
Standort:	bei Amada
Maße:	10 m breit, 33 m tief.
Geweiht:	Amun-Rê

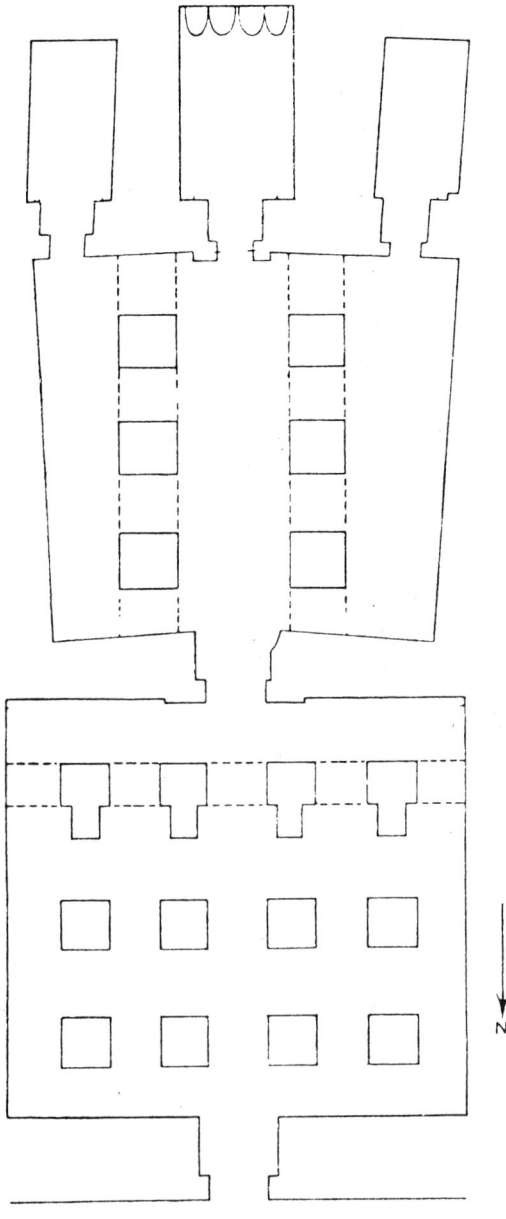

Der Tempel von ed-Derr

Der Tempel von el-Amada

Tempel von el-Amada im ursprünglichen Zustand.

Der schöne kleine Tempel von el-Amada genoß unter allen nubischen Denkmälern die Ehre, auf die originellste Art und Weise umgesiedelt zu werden, nämlich per Eisenbahn! Hierbei wurden gleich zwei Weltrekorde gebrochen, die womöglich interessanter sind als Rekorde im Laufen oder Schwimmen. Der Umzug vom alten zum neuen Standort mußte über eine Strecke von 2600 Metern erfolgen, und der neue Bauplatz lag 65 Meter höher.

Der Transport eines kompletten Steingebäudes unter solchen Bedingungen ist einzigartig. Dieser geniale Plan stammte von den Franzosen, worüber

Rechts: Camp der deutschen Expedition, die in der Gegend von el-Amada Ausgrabungen vornahm.

die viel konservativeren Engländer nur den Kopf schüttelten. Da aber die Franzosen das ganze Unternehmen aus eigener Tasche finanzierten (nachdem der ägyptische Antikendienst die Vorderfront des Tempels entfernt hatte), erübrigte sich jede weitere Diskussion.

Als die Fassade also 1964 abgenommen worden war, wurden schwere Betonbalken unter den Tempel geschoben und ein ›Korsett‹ als Verstärkung um den ganzen Bau herumgelegt. Die Betonbalken wiederum lagen auf drei Paar Gleisen und wurden mit Hilfe hydraulischer Winden auf kleinen Schienenwagen bewegt. Die Winden glichen bei dieser ›Fahrt‹ jede Unebenheit des Unterbodens aus. Andere Spezialwinden hatten eine Doppelfunktion: sie wurden an den Schienen befestigt und schoben die ›Loren‹ voran. Zwei schwere hydraulische Hochdruckpumpen erzeugten den nötigen Druck dazu. Das ganze Unternehmen fand 1964 statt, so daß der Tempel innerhalb eines Jahres seinen Standort wechselte. Man wählte diese Methode, weil bei diesem Tempel die herrlichen und sehr fein gestalteten Reliefs sicherlich Schaden gelitten hätten, wären sie Stück für Stück herausgenommen und später wieder eingesetzt worden. Die beiden Weltrekorde betreffen die Längsstrecke und den Höhenunterschied bei der Umsiedlung.

Amelia Edwards, die el-Amada auf ihrer langen Reise durch Nubien im Jahre 1874 besuchte, nannte den Tempel »von außen eine Scheune, von innen eine Kamee«. Und sie hatte recht. Qualität und Farben der Reliefs aus der 18. Dynastie (1570–1314 v. Chr.) sind außergewöhnlich und haben in ganz Nubien nicht ihresgleichen.

Warum aber überhaupt dieser Tempel an eben dieser Stelle? An einer Nilkrümmung, einem Flecken, der zwar für heilig gehalten, aber nicht bewohnt wurde? Es war schließlich wohl doch die Heiligkeit des Ortes, die den Ausschlag gab. Möglicherweise stand dort schon eine von Sesostris III. (1878–1842 v. Chr.) gegründete Kapelle. Jedenfalls findet man Sesostris' Namen auf dem Tempel von el-Amada.
Auf einem Felsen, der 4 m hoch war und einen Umfang von 13 m hatte, fand Weigall Inschriften von Reisenden der damaligen Zeit, die die Namen der jeweils regierenden Pharaonen eingeritzt hatten: Sesostris I., Sesostris III. und Amenemhet III., auch der Name der nubischen Königin Seanra fehlt nicht. In derselben Gegend gab es noch große Gräberfelder und die Reste einer Garnisonsstadt aus der 18. Dynastie.
Zwischen Tempel und Fluß entdeckte Weigall eine Art Fußbodenplatte aus behauenen Steinen, die möglicherweise von einem Tempel stammte, Fragmente von ausgekehlten zierlichen Säulen und an zwei Stellen die Kartusche von Sethos I. (1312–1298 v. Chr.). Da all das bereits mit dem Bau des ersten Assuan-Dammes verschwand, konnte logischerweise nichts davon gerettet werden.

Der Tempel von el-Amada wurde von zwei Pharaonen gebaut, es waren Vater und Sohn, nämlich Thutmosis III. (1490–1436 v. Chr.) und Amenophis II. (1436–1413 v. Chr.). Er war Amun-Rê und Rê-Harachte gewidmet. Der ›Ketzer-König‹ Echnaton ließ überall den Namen des von ihm gehaßten Amun entfernen, aber Sethos I. ließ alles wieder restaurieren. El-Amada war immer recht beliebt, auch spätere Könige aus der 19. Dynastie trugen das Ihre dazu bei, um den Tempel zu verschönern und instandzuhalten. Die beiden Gottheiten, denen der Tempel geweiht war, treten abwechselnd in Erschei-

◁ Links: Rechteckige Pfeiler im Innern des Tempels von el-Amada mit der Kartusche Thutmosis' IV.

Oben: Detail der Tempeltexte von el-Amada.

Unten: Relief im Tempel: Thutmosis III. vor dem Gott Horus.

nung, wie Reliefs und Inschriften zeigen. Amun-Rê und Rê-Harachte waren seit altersher die Schutzgötter Nubiens. Nun gab es in Ägypten einige Tempel, die der Krönung eines neuen Herrschers vorbehalten waren. Dort fanden dann bestimmte Zeremonien statt, wie man aus einigen Reliefs in el-Amada weiß. In Nubien sollte el-Amada die Funktion eines solchen Krönungstempels übernehmen. Das merkwürdige ist nur, daß keins der Reliefs einer nubischen Gottheit gewidmet ist. Die vorhandenen Reliefs behandeln nur den Bau des Tempels und die Ruhmestaten der beiden Bauherrn. So nimmt Thutmosis III. das vor, was man die Grundsteinlegung nennen könnte, und Amenophis II. bringt das fällige Opfer dar, als der Tempel fertig war. Aber es gibt auch eine Inschrift über Amenophis berühmte Reise mit den sieben gefangenen syrischen Prinzen. Diese Inschrift befindet sich auf der Rückwand des Allerheiligsten. Zuweilen hat man angenommen, daß es sich hierbei um ein Menschenopfer handelte. Aber überwiegend sind die Wissenschaftler der Meinung, daß es derartige Menschenopfer seit ältesten Zeiten in Ägypten nicht mehr gab. Logischer scheint zu sein, daß es sich hier um eine Hinrichtung handelt – natürlich mit den notwendigen Zeremonien verbrämt –, die als abschreckendes Beispiel abgebildet wird.

Die Inschrift dazu lautet wie folgt: »... als Seine Majestät voll Freude zu seinem Vater Amun zurückkehrte, tötete er persönlich mit seiner Streitkeule die sieben Prinzen aus dem Bezirk Tikschi und ließ sie mit dem Kopf nach unten an den Bug seines Schiffes nageln. Sechs der Gefallenen wurden vor den Toren Thebens aufgehängt. Der siebente Getötete wurde darauf stromaufwärts nach Nubien gebracht und an der Stadtmauer von Napata aufgehängt, um die ewigen Siege Seiner Majestät zu verkünden in allen Ländern und Gebieten der Neger.«

Der Tempel von el-Amada war schlicht. Am Nil lag der große Vorhof hinter dem Pylon, von dem heute nur noch das steinerne Tor übriggeblieben ist. Der Vorhof war offen, an der Rückseite, also zum Tempel hin, befanden sich vier 16kantige Pfeiler. Zwei Ziegelsteinmauern umschlossen den Hof zwischen Pylon und Tempel, die später durch sehr schöne Steinmauern ersetzt wurden. Thutmosis IV. baute den offenen Hof zu einer Säulenhalle um, indem er auf zwölf quadratische Pfeiler ein Dach aus Stcinplatten legen ließ. Mehrere Reliefs zeigen den Pharao, was darauf hindeuten könnte, daß seine Krönung der Anlaß gewesen sei.

Jener Unterkönig Setau, der so begierig darauf war, überall Inschriften mit seinem Namen zu sehen, kam ebenfalls nach el-Amada und ließ sich abbilden, wie er seinen König Ramses II. anbetet. Der letzte König, der Interesse am Tempel bekundete, war Siptah (1222–1216 v. Chr.) aus der 19. Dynastie. Das zeigt ein Porträt seiner Gemahlin Tausert, einer Tochter Ramses' II. Für seine Person gab Siptah sich mit einer Inschrift ohne Bild zufrieden. Nach der 19. Dynastie schien el-Amada bedeutungslos geworden zu sein – der Tempel verfiel.

Nachdem man den Vorhof durchschritten hatte, gelangte man zum eigentlichen Tempel, dessen Vorhalle der erste Tempelraum war. Von dieser Vorhalle aus führten drei Türen in kleinere Räume; der mittlere war das Allerheiligste, die beiden Räume links und rechts davon dienten der Aufbewahrung des Tempelgerätes.
Eine merkwürdige Aufschrift, eine Art Fälschung, wurde hier im 17. oder 18. Jahrhundert in (schlechtem) Griechisch angebracht: »Herodotos von Halikarnassos sah und bewunderte dies.« Nun ist aber Herodot, der 450 vor Christus Ägypten bereiste, niemals in Nubien gewesen. Deshalb auch Text Nummer zwei: »Stimmt nicht«, von jemand hinzugefügt, der sich über die Lüge geärgert hat.

Natürlich machten die Kopten auch aus el-Amada eine Kirche. In diesem Fall gingen sie sorgfältig vor, und wir verdanken ihnen die Erhaltung des Tempels. Anstatt wie sonst sämtliche ›heidnischen‹ Symbole wegzuschlagen, überzogen sie alles mit einer dicken Verputzschicht, die die alten Symbole verdeckte; dann malten sie ihre eigenen Fresken, darunter eines von der Göttlichen Dreifaltigkeit. Im Jahre 1738 konnte der Däne Norden diese Fresken noch sehen; als Breasted 1906 dorthin kam, waren sie fast verschwunden, genau wie die Ruinen des koptischen Klosters in jener Gegend, das Norden ebenfalls noch bewundert hatte.
Breasted ärgerte sich furchtbar, als er entdecken mußte, daß die Nubier aus der ganzen Gegend von el-Amada eine wahre Goldmine gemacht hatten: sie schlugen vor allem Köpfe, Königsfiguren, Kartuschen und schöne Hieroglyphen-Inschriften von den Felsen und Wänden ab und verhökerten sie an Touristen. Breasted ging zum Gouverneur und warf ihm das schändliche Tun seiner Bevölkerung vor. Den rührte das überhaupt nicht, seine Antwort war: Das seien nur die wilden Tiere gewesen beim Versuch, sich Höhlen zu graben ...

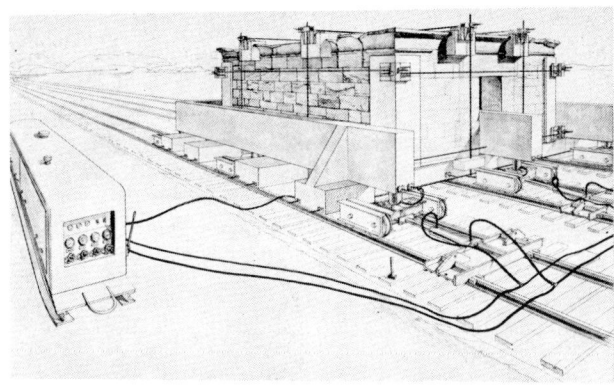

So wurde der Tempel von el-Amada auf Schienen versetzt!

Breasted entdeckte unter dem Verputz, den er an einigen Stellen abkratzte (er hielt die Fresken für plump und ohne künstlerischen Wert), interessante Inschriften, unter anderem von Hekanachī, der unter Ramses II. Vizekönig war, und zwei Gedenk-Texte über einen gewissen Epyoi, einen Söldner, der die nubischen Truppen kommandierte. Ein anderer Vizekönig, der etwa um 1225 v. Chr. unter Pharao Merenptah (1231–1222 v. Chr.) regierte, ließ dort fünf Inschriften anbringen. Im ersten Raum befindet sich ein Text über Merenptah selbst, der über seinen Feldzug in Palästina berichtet, mit dem er Israel verwüstete, und bei dem übrigens der Name Israel zum ersten Mal in der Geschichte auftaucht. Dieser Bericht ist auf der sogenannten ›Israel-Stele‹ zu lesen, die Flinders Petrie im Jahre 1896 im Totentempel dieses Königs in Theben-West fand.

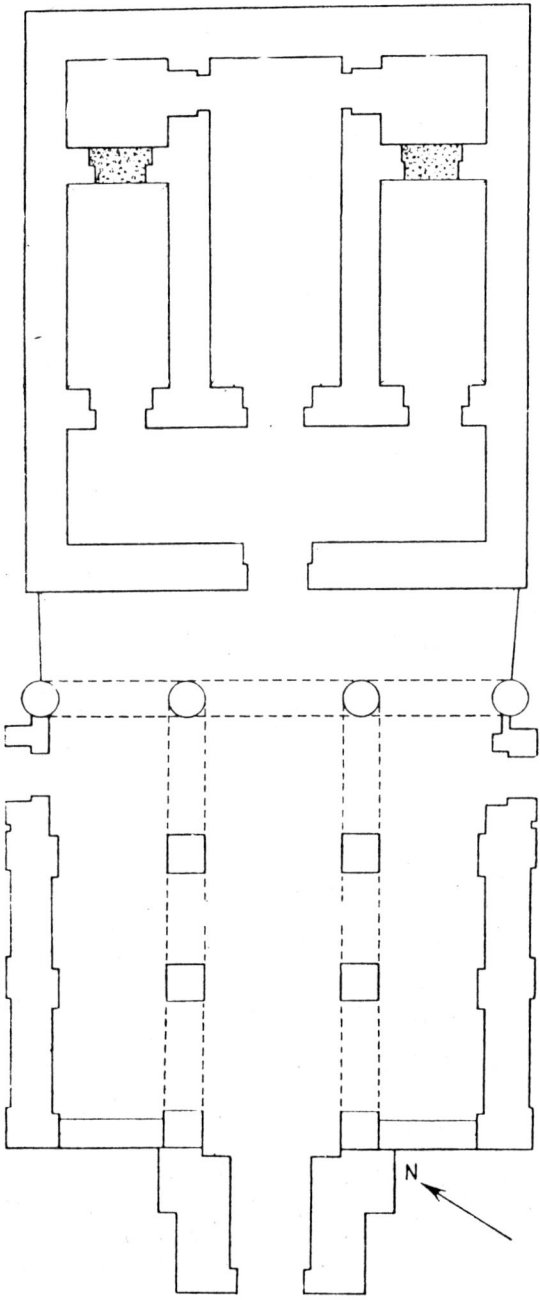

Der Tempel von el-Amada

el-Amada

Errichtet durch:	Thutmosis III. und Amenophis II.
Entstehung:	ca. 1450–1425 v. Chr.
Abbruch:	1964, die Vorderfront durch den ägyptischen Antikendienst.
Wiederaufbau:	1964; das ganze Bauwerk wurde von einer französischen Expedition auf Schienen ›versetzt‹.
Standort:	el-Amada, 65 m höher 2600 m weiter landeinwärts.
Maße:	9 m breit, 22 m lang.
Geweiht:	Amun-Rê und Rê-Harachte.

Der Tempel von Wadi es-Sebua

Das steigende Wasser des Nils bedroht den Tempel von Wadi es-Sebua. Wie viele andere in Nubien wurde auch dieser Tempel von Ramses II. errichtet.

Rechts oben: So romantisch der Anblick des sich in den Fluten des Nils spiegelnden Monuments auch war – der Tempel von Wadi es-Sebua mußte vor dem ›Ertrinken‹ gerettet werden.

Rechts unten: Im ersten Innenhof des Tempels von Wadi es-Sebua kann man an der Eingangspforte sehr gut erkennen, daß der Tempel später zu einer christlichen Kirche umgebaut wurde.

111

Im Altertum hieß der Tempel von Wadi es-Sebua Per-Amun, ›das Haus des Amun‹. Der Tempel lag herrlich auf einem großen Plateau, direkt vor einem großen Felsen, in den ein Teil seiner Räume hineingebaut war. Er wurde nach dem Plan von Gerf Husen errichtet, ist aber etwas größer, und auch die Bildhauer-Arbeiten sind besser ausgeführt. Auf der anderen Seite, wo das Dorf es-Sebua jetzt natürlich im Wasser verschwunden ist, führte eine wichtige Karawanenstraße durch eine Felsschlucht am Nil vorbei. Es war also offensichtlich ein strategisch wichtiger Punkt. Die alte Stadt, zu der der Tempel gehörte, lag zwischen diesem Monument und dem Nil.

Nördlich des Tempels befanden sich die Gräberfelder. Die Stadt war älter als die 19. Dynastie (1314 bis 1200 v. Chr.), denn es gab dort eine Felskapelle von Amenophis III. (1405–1367 v. Chr.), und auf einem Felsen gab es zwei Graffiti von ägyptischen Beamten und Priestern der 18. Dynastie, die die Stadt besucht hatten. In der Nähe des Tempels fand

Die Umwandlung des Tempels von Wadi es-Sebua in eine christliche Kirche führte zu der kuriosen Verwandlung dieses Reliefs: Pharao Ramses II. opfert nun nicht mehr länger den altägyptischen Gottheiten, sondern dem Apostel Petrus – auf einem Fresko, mit dem die alten Reliefs übermalt wurden.

man Keramikscherben aus dem Mittleren Reich und vom Beginn der 18. Dynastie.

›Das Haus des Amun‹ war großzügig konzipiert. Der Bauherr – Ramses II. – liebte den Prunk, und Wadi es-Sebua zeigt dies deutlich. Eine riesige Mauer aus Ziegelsteinen umschloß den gesamten Komplex, nur eine Öffnung auf der linken Seite diente als Zugang zu einem kleinen Tempel aus Ziegelsteinen. In der Außenmauer befand sich ein Toreingang aus Naturstein, vor dem zwei Kolossalfiguren des Ramses und ein königlicher Sphinx standen (die zweite Figur ist jedoch verschwunden). Den ersten Hof zieren zwei Reihen von je drei Sphingen mit Löwen-Körpern, die dem Ort seinen Namen gaben:

das Tal der Löwen, Wadi es-Sebua. Die Sphingen tragen die Doppelkronen Ägyptens. Dahinter liegen die Wasserbecken für die Reinigungs-Rituale. Ein hoher Ziegelstein-Pylon mit Tor öffnet den Zugang zum zweiten Hof, wo je zwei falkenköpfige Sphingen stehen.

Eine Treppe führt vom Hof zur Terrasse des eigentlichen Felsentempels hinauf. Dieser Zugang ist noch gut erhalten, ebenso wie vier große Standbilder des Pharao. Die linke Statue hält einen Stab mit einem Widder-Kopf, dem Symbol Rê-Harachtes, denn ihm und Amun-Rê war der Tempel geweiht.

Durch ein Tor erreicht man eine von je fünf Pfeilern getragene Halle. Vor den Pfeilern stehen die Kolossalstatuen des Königs und links von dieser Halle das Schlachthaus, denn für die notwendigen Opfer mußten viele größere Tiere wie auch Federvieh ihr Leben lassen. Das Schlachthaus ist ein offener Hof, und die Steine mit den Löchern zum Festbinden der Tiere stehen heute noch.

Von diesem Tempelabschnitt steigt eine Treppe zu einer schmalen Terrasse empor, von der aus eine Tür in die Große Halle von 17 × 6 m führt, in der sechs einfache Pfeiler und sechs Königsstatuen-Pfeiler das Dach tragen. Dahinter liegt das Heiligtum, ein Querraum mit links und rechts abgetrennten Zimmern, alle mit ziemlich groben Reliefs des opfernden Königs geschmückt, wobei er sich auch

Eins der Reliefs im Tempel von Wadi es-Sebua.

selbst ein Opfer bringt – denn auch der Pharao war
ein Gott. Er schenkt sich »Millionen Jahre«. Hinter
diesen Räumen sind dann noch drei Kapellen in den
Felsen gehauen, deren mittlere das Allerheiligste ist.
Dort sitzen vor der Rückwand drei jetzt allerdings
schwer beschädigte Götterstatuen: Amun-Rê,
Ramses II. und Rê-Harachte.
Auf der Wand darüber war ein Relief angebracht,
auf dem Ramses II. der mit Falkenköpfen verzierten
Sonnenbarke des Rê-Harachte Blumen darbringt.
Rê-Harachte wurde von den Kopten übermalt, so
daß der große Pharao jetzt seine Blumen Petrus
schenkt, der den Himmelsschlüssel in der Hand hält.

Die Rettung des Tempels von Wadi es-Sebua war
nicht einfach. Der Pylon war zu stark beschädigt, um
abgebaut zu werden. Man mußte die in den Fels gehauenen Teile heraussägen. Trotzdem gelang das
ganze Unternehmen im Jahr 1964. Die Geldmittel
stellten Amerika und Ägypten zur Verfügung. Zwei
Kilometer nordöstlich von seinem alten Standort
wurde der Tempel wieder neu aufgebaut.

Wadi es-Sebua	
Errichtet von:	Ramses II.
Entstehung:	ca. 1250 v. Chr.
Abbruch:	1964, nur die Reliefs wurden heraus-gesägt, und die Skulpturen umgesie-delt, und zwar durch den ägyptischen Antikendienst.
Wiederaufbau:	1964
Standort:	Wadi es-Sebua, 2 km nordöstlich vom ursprünglichen Standort.
Maße:	25 m breit, 60 m tief.
Geweiht:	Amun-Rê und Rê-Harachte.

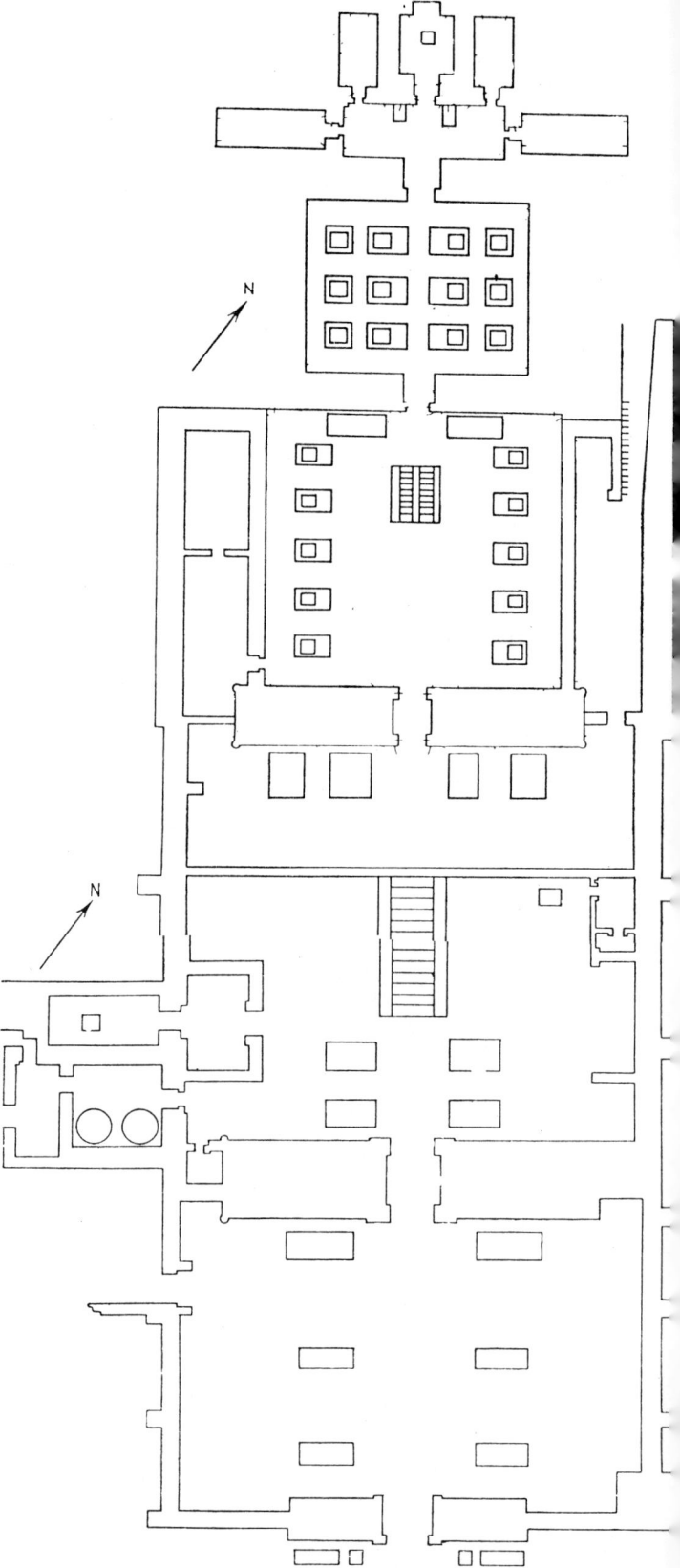

Rechts: Der Tempel von Wadi es-Sebua. ▷

Der Tempel von Maharraka

Das heute verschwundene Dorf Maharraka lag auf beiden Nilufern und verfügte nicht nur über einen ägyptischen Tempel, sondern auch über eine etwa 2 km weit entfernte byzantinische Festung. Der Tempel von Maharraka ist noch unter dem Namen Tempel von Ofeduina bekannt, so genannt nach einem anderen Dorf in der Gegend.

Bevor der Tempel von Ptolemäern und Römern errichtet und der hellenistischen Gottheit Serapis (und Isis) geweiht wurde, stand dort ein älteres Heiligtum aus dem Neuen Reich.

An der Stelle des Dorfes Makarraka lag früher die Stadt Hierasykaminos: die Stadt der heiligen Sykomoren. Zur Zeit der Ptolemäer und Römer war dies die südlichste Grenze Ägyptens. Manchmal verschob sie sich etwas nach Süden, nach Primis – Kasr Ibrim.

Viele Jahre lang lagen auf der Insel Elephantine die Steinblöcke abgebrochener Tempel und warteten auf den Wiederaufbau.

Ruinen der byzantinischen Festungsstadt bei Ichmindi südlich von Maharraka.

Der Tempel von Maharraka wurde 1962 vom ägyptischen Antikendienst freigelegt und 1966 bei Wadi es-Sebua wieder aufgebaut. Er stand auf einem Plateau, hoch über dem flachen, sandigen Ufer des Nils. Sein Baujahr ist nicht genau bekannt.

Der Tempelkomplex besteht aus einem rechteckigen Vorhof, der an drei Seiten von überdachten Säulengängen umgeben war; die vierte Wand bildete die Vorderfront des Tempels mit der Tür zu den Tempelräumen. Die südlichen Säulen sind auf die übliche Weise mit Stürzen aus Naturstein verbunden. Eine Besonderheit, die es nur in Maharraka gibt: an der Mitteltür zum Tempel befand sich eine in Stein gehauene Wendeltreppe (in römischer Zeit angelegt), die zum Dach der Säulengalerie hinaufführte.

Aber nicht nur die Wendeltreppe macht Maharraka so außergewöhnlich. Es gibt noch etwas Ungewöhnliches, das Weigall zu Beginn dieses Jahrhunderts entdeckte. Zwischen dem Haupttrakt des Tempels und dem Strom fand er die nicht genau zu identifizierenden Reste einer Art Zugangsweg, der an der Tempelnordwand seinen Ursprung hatte. Auf einer Wand dieses Zugangs befand sich ein Relief in jenem merkwürdigen Misch-Stil der römischen Epoche. Unter einer heiligen Sykomore sitzt die Göttin Isis in römischem Gewand, das Gesicht dem Betrachter zugekehrt. Über ihr schwebt ein Falke, ein zweiter sitzt im Baum. Isis streckt den Arm nach einem mit einer Toga bekleideten Knaben aus: es ist Horus, der ihr eine Kanne Wein bringt; links von ihr drei kleine Götterfiguren: die ägyptischen Götter Min und Isis selbst sowie die hellenistische Gottheit Serapis. Neben diesem mehr oder weniger klassischen Bild sieht man links Thot in ägyptischem Kostüm und rechts Isis als ägyptische Edeldame.

Ein ›Straßen‹-Gewölbe in der byzantinischen Festungs-Stadt bei Ichmindi.

Wegen des steigenden Nilwassers nach der Vollendung des ersten Assuan-Dammes wurde diese ganze Wand damals abgebaut und ins Museum nach Kairo gebracht.
Die Isis-Abbildungen im Museum von Kairo weisen keine lesbaren Inschriften auf, aber Amelia Edwards entdeckte bei ihrem Besuch einen eigenartigen Text: »Dies ist der Schwur des Soldaten Verecundus, seiner sehr frommen Eltern, seines kleinen Bruders Gaius und der übrigen Brüder.« Was schwor Verecundus? Und warum? Und hielt er seinen Schwur? Fragen, auf die wir nie eine Antwort erhalten werden.
Weigall fand noch die Reste der großen Stadt, die in südlicher Richtung zwischen Tempel und Nil auf dem flachen Ufer lag.

Maharraka	
Erbaut durch:	Ptolemäische Könige und römische Kaiser.
Entstehung:	3. Jahrh. v. Chr. bis 1. Jahrh. n. Chr.
Abbruch:	1962 durch die ägyptischen Antikendienst.
Wiederaufbau:	1965–1966
Standort:	In der Nähe von Wadi es Sebua.
Maße:	12 m breit, 15 m tief.
Geweiht:	Isis und Serapis.

Der Tempel von ed-Dakka

Fast unmittelbar vor dem schönen Tempel von ed-Dakka, wo vor der Bildung des Nasser-Stausees das Dörfchen el-Allaqi lag, führte eine Straße vom Nil in die Wüste. Es war die Verbindung zu den reichen Goldminen von Umm Garayat (die übrigens bis ins Mittelalter ausgebeutet wurden). Für die Entfernung von etwa 60 km brauchten Kamel-Karawanen in früheren Zeiten anderthalb Tage.

Kein Wunder, daß an der Stelle, wo die Karawanen auf den Nil stießen, ein bedeutender Tempel entstand, denn von hier fuhren die Schiffe mit ihrer kostbaren Ladung nilabwärts nach Ägypten. Weil el-Allaqi aber auch eine gefährdete Stelle war, stets belauert von gierigen Blicken nach wohlfeilem Gold, wurde auf dem Ostufer des Stroms ein großes Fort gebaut. Dieses Fort von Kuban (der heutige Name für das antike Baki) war aus Ziegelsteinen errichtet. Ein schwerer Mauerwall, aus Ziegelsteinen und mit Holzbalken verstärkt, lag zur größeren Sicherheit noch auf der Innenseite eines großen Grabens. Gebaut wurde diese Feste im Mittleren Reich.

An dieser für die ägyptische Wirtschaft so bedeutenden Stelle auf dem westlichen Nilufer ließ Pharao Amenemhet I. (1991–1962 v. Chr.) einen großen Tempel bauen. Der wiederum wurde auf die übliche Weise von späteren Herrschern verschönert. Thutmosis III. (1490–1436 v. Chr.) und Sethos I. (1312–1298 v. Chr.) haben ebenfalls dazu beigetragen.

Die heutige Form erhielt der Tempel erst viel später, als der äthiopische König Ergamenes, ein Zeitgenosse von Ptolemaios IV., einen vollständigen Neubau errichten ließ.

Eine Besonderheit des Tempels von ed-Dakka ist, daß er nicht wie üblich in Süd-Nord-Richtung steht, sondern umgekehrt sich von Norden nach Süden erstreckt. Die Stadt Pnubs hatte ihn Thot und auch Anukis, der bekannten nubischen Göttin (erkennbar an dem fremdartig großen Kopfschmuck aus Papyrusstengeln) geweiht.

Der älteste Teil des Tempels in seiner heutigen Gestalt stammt von Ergamenes, aber schon wenig später fügte Ptolemaios IV. eine Vorhalle hinzu. Als römische Kaiser den schönen großen Pylon und das

◁ Links: Tempel von ed-Dakka im ursprünglichen Zustand, aber schon von den Fluten des Nils bedroht.

Relief im Tempel von ed-Dakka: die Göttin Anukis. In der Kartusche rechts steht der Name Ptolemaios' IV.

Durchgang des ersten Innenhofs im Tempel von ed-Dakka.

Allerheiligste hinter dem von Ergamenes errichteten Teil anbauten, erhielt der Tempel seine endgültige Form.

Der Pylon war ein eindrucksvolles Bauwerk, breit und hoch und mit zwei tiefen Gruben beiderseits des Tores – den Löchern für die Flaggenmasten. Eine Umfriedungsmauer von imposanten Ausmaßen umgab den gesamten Komplex. Auf dem Pylon waren einzelne große Reliefs angebracht, aber auch zahllose Inschriften, vor allem in Griechisch, dazu in Demotisch und Meroitisch. Meist stammen sie von sichtlich beeindruckten Tempelbesuchern. Die Innenseite des Portals ist rechts mit einem Relief des Königs geschmückt, der Thot, Tefnut, Hathor und Isis Opfer bringt. In den beiden Pylon-Türmen, links und rechts vom Tor, führten Treppen zu den Flachdächern. Über diese Treppen konnte man auch in die Räume gelangen, die sich, über mehrere Etagen verteilt, in den Türmen befanden.

Der Vorhof zwischen Tempel und Pylon ist vollkommen verschwunden, aber die Vorhalle ist noch erhalten. Dieses Vestibül hat den berühmten Eingang zwischen zwei mit Blumenkapitellen verzierten Säulen, die durch Simse untereinander und mit den Seitenwänden verbunden sind. Auf diesen Verbindungsstücken ist der König abgebildet, wie er jenen Göttern opfert, die ed-Dakka besonders beschützten. Später haben die Kopten diesen Raum in eine Kirche umgewandelt, sie waren offenbar der Meinung, daß sich das Vestibül dazu besonders eigne.

Oben links: Relief im Tempel von ed-Dakka: Ptolemaios IV. opfert dem Gott Chnum.

Oben rechts: Relief im Tempel von ed-Dakka: Ptolemaios IV. opfert Horus und Isis.

Rechts: Relief im Tempel von ed-Dakka: Nil-Gottheiten bringen Opfergaben.

Hier und dort kann man auf den Wänden noch die Fresken erkennen.

Hinter dem Vestibül beginnt der alte Tempelteil, den man durch eine Tür in der Rückwand erreicht. Von dem Querraum aus führt eine von den Römern stammende Treppe zu dem flachen Steinplatten-Dach und zu einer Anzahl reliefgeschmückter Räume. Das Allerheiligste schließt daran an. In diesem von den Römern erbauten Sanktuarium steht ein Granit-Altar, auf dem ein unbekannter Kaiser mit verschiedenen Göttern abgebildet ist.

Der Tempel von ed-Dakka wurde 1962 vom ägyptischen Antikendienst sorgsam abgebrochen und 1965/1966 bei Wadi es-Sebua wieder aufgebaut.

ed-Dakka	
Errichtet durch:	Ergamenes, Ptolemaios IV.
Entstehung:	3. Jh. v. Chr.
Abbruch:	1962 durch den ägyptischen Antikendienst.
Wiederaufbau:	1965–1968
Standort:	In der Nähe von Wadi es-Sebua.
Maße:	20 m breit, 45 m lang.
Geweiht:	Thot

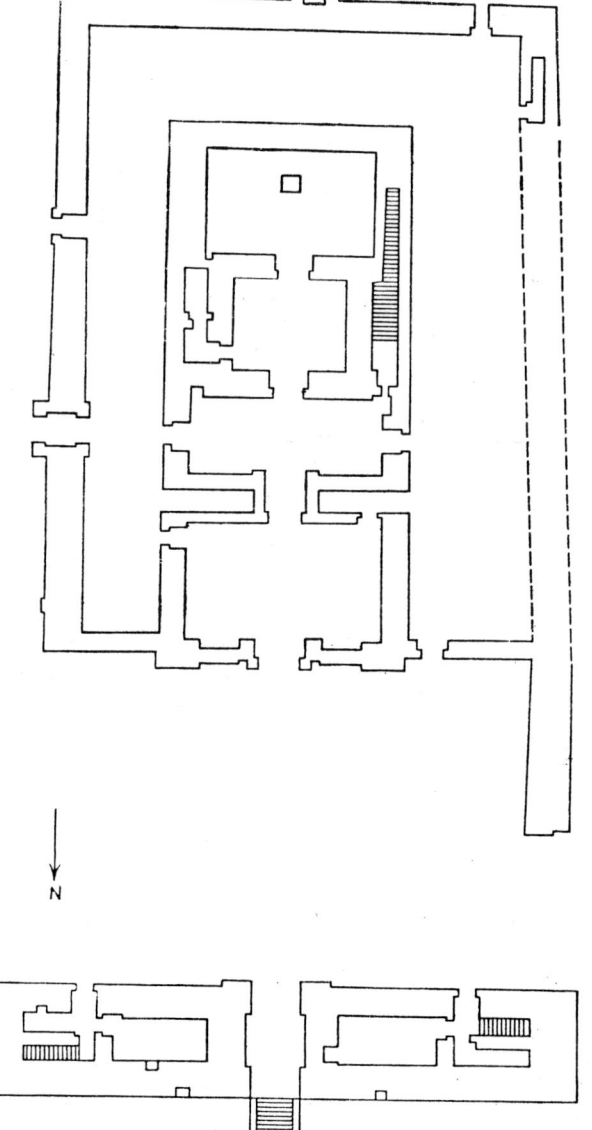

Der Tempel von ed-Dakka

Der Felsentempel von Gerf Husen

Felsentempel von Gerf Husen – erbaut unter Ramses II. – im ursprünglichen Zustand. Allerdings war es unmöglich, den gesamten Tempel, sowohl den freistehenden Teil wie die in den Felsen gehauenen Hallen, zu retten. Die bedeutendsten Fragmente wurden herausgesägt und an sichere Plätze gebracht.

War es ein glücklicher Einfall, als Vizekönig Setau von Nubien den Plan faßte, seinem König Ramses II. einen Tempel in jenem Land zu errichten, das er in seinem Namen regierte? – Keineswegs, sagen viele Archäologen. Der Tempel ist überhaupt nicht schön, die Bildhauerarbeiten sind stillos, die Reliefs wurden von ortsansässigen ›Künstlern‹ hergestellt und sehen auch entsprechend aus. – Aber ja doch!, sagen andere Archäologen, denn dadurch verfügen wir wenigstens über Beispiele heimischer, also provinzieller Kunst und Werkstücke.

Wie auch immer, Gerf Husen ist teilweise ein Opfer des Nasser-Sees geworden, denn für einen Felsentempel von mäßiger Bedeutung wurden keine großen Geldsummen zur Rettung aufgebracht.

Man beschränkte sich darauf, einige Teile auszubauen und nach Kalabscha zu bringen. Aber der Tempel von Gerf Husen erhielt dennoch eine wichtige Funktion: er wurde Testobjekt für die Rettung der weitaus bedeutenderen Tempel von Abu Simbel. Man hoffte, auf diese Weise zu lernen, wie man den auftretenden Schwierigkeiten am besten begegnete.

Vizekönig Setau war ein Mann, der sich – genau wie sein König Ramses II. – gern überall abgebildet sah. So findet man sein Bild, oder zumindest seinen Namen, an vielen Stellen in Nubien: Wadi es-Sebua, el-Amada, Kasr Ibrim, Silsila und in Faras, um nur ein paar zu nennen.

Seinen Tempel, den er für Ramses II. in Gerf Husen baute, weihte er dem Gott Ptah von Memphis; der ägyptische Name lautete Per-Ptah, das ›Haus des Ptah‹.

Der Weg zum Tempel führte über eine Treppe, einen Pylon und durch eine Sphingen-Allee in einen großen Vorhof, der von der eigentlichen Tempelfassade und drei überdachten Kolonnaden umgeben wurde. Die östliche Galerie bestand aus glatten runden Säulen, die beiden anderen dagegen aus eckigen Pfeilern mit Pharaostatuen davor. Erhalten sind nur zwei Säulen, fünf Pfeiler und ein paar Bruchstücke der Treppe. Der Vorhof war rechteckig; die aus dem Felsen herausgeschlagene Tempelfassade stellte einen Pylon dar und war entsprechend verziert. Abbildungen an der Westseite zeigen Ramses, wie er Ptah opfert.

Durch den Eingang im ›Pylon‹ gelangte man in einen großen, aus dem Felsen gehauenen Saal; die Decke stützten sechs Säulen aus Naturstein, jede etwa neun Meter hoch. Durch eine relativ kleine Tür betrat man einen Raum mit zwei reliefgeschmückten Säulen (links und rechts davon gab es noch je einen

Eins der großen Steinbilder Ramses' II. im Tempel von Gerf Husen.

Dieses Standbild Ramses' II. aus dem Tempel von Gerf Husen ▷ steht heute auf dem Gelände im Süden von Assuan, wo auch der Tempel von Kalabscha wieder neu aufgebaut wurde.

Seitenraum). Hinter diesem Raum lagen drei Kapellen, deren mittlere und heiligste noch den Steinblock enthielt, auf dem seinerzeit die Barke von Ptah gestanden hatte. Dort waren auch Reliefs angebracht, die Ramses vor dem Boot des Ptah und dem des Rê-Harachte zeigen. Schließlich gab es hinter dieser Kapelle noch eine Nische mit vier sitzenden Statuen: Ptah, Ramses als Gott, Ptah-Tenen und Hathor. Diese Statuen stammten von ortsansässigen Bildhauern und haben deshalb auch keineswegs die Qualität der etwa artgleichen Statuen im großen Tempel von Abu Simbel.

Die Faulschicht, die die Innenwände von Gerf Husen als dicke schwarze Kruste überzog, bildete offenbar einen ausgezeichneten Schutzmantel, denn nachdem man sie entfernt hatte, waren die ursprünglichen Farben unversehrt und leuchtend, auch wenn sie unbeholfen und wenig geschmackvoll aufgetragen worden waren.

Im Jahre 1964 wurden wichtige Teilstücke des Bauwerks und Fragmente von Statuen durch den ägyptischen Antikendienst freigelegt bzw. aus dem Felsen gesägt. Zwei Jahre später hatte man all diese Steinblöcke zum neuen Standort nach Kalabscha gebracht.

Gerf Husen	
Errichtet durch:	Setau, Vizekönig von Nubien.
Entstehung:	ca. 1250 v. Chr.
Abbruch:	1964 wurden Fragmente mit Reliefs aus dem Felsen herausgesägt, und zwar vom ägyptischen Antikendienst.
Wiederaufbau:	1964–1965
Standort:	Bei Assuan, südlich des Hochdamms.
Maße:	30 m breit, 60 m tief.
Geweiht:	Ptah

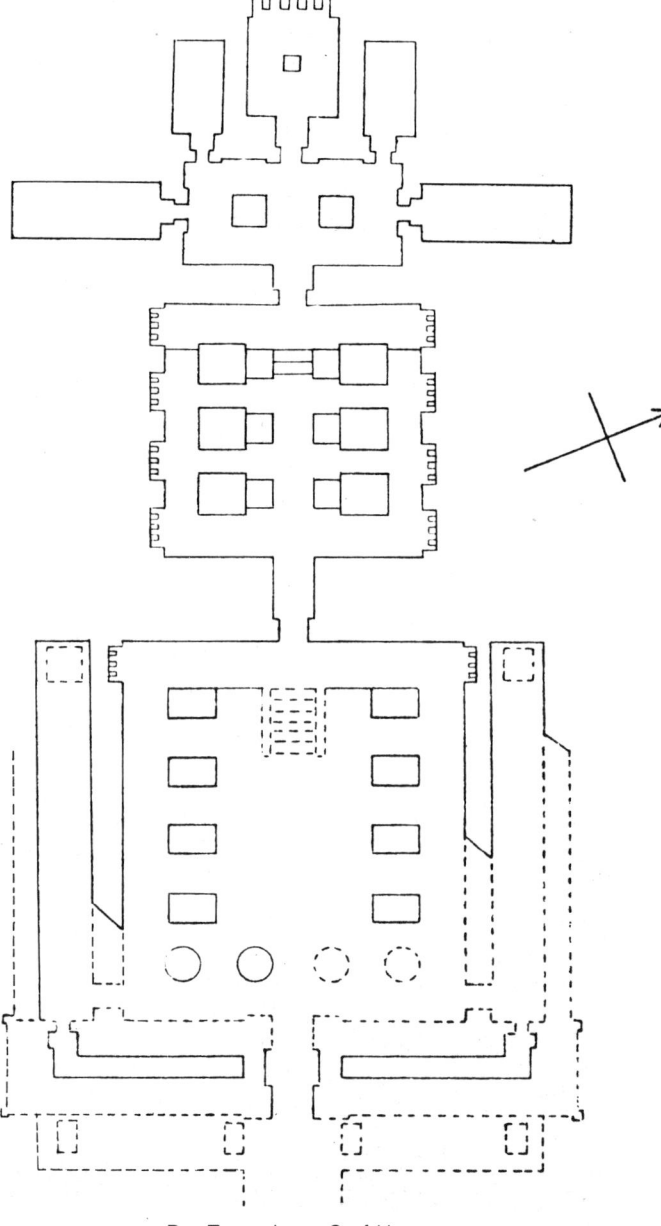

Der Tempel von Gerf Husen.

Der Tempel von Dendur

Dieser kleine Tempel aus der Zeit des Kaisers Augustus hat einen Hauch von Romantik, den man bei den anderen Denkmälern vergebens sucht. Er wurde nämlich nicht einer oder mehreren Gottheiten geweiht, sondern zwei Brüdern, zwei Helden, die man um ihrer Taten willen – die wir heute nicht mehr kennen – zu Göttern erhob, nachdem sie im Nil ertrunken waren.

Dendur war ziemlich gut erhalten. So ist zum Beispiel noch der Landungssteg vorhanden, ebenso das schöne Portal und die Terrasse. Zwar sind die Außenmaße nicht eben imposant – der Tempel war kaum tiefer als 14 m bei einer Frontbreite von 6 m –, doch die Mauern tragen schöne Reliefdarstellungen.

Die beiden nubischen Helden hießen Pede-Ise und Pede-Hor, und sie waren Söhne eines gewissen Kuper. Wie eine Inschrift berichtet, wurden sie in ei-

Tempel von Dendur im ursprünglichen Zustand: nach einer Zeichnung von D. Roberts aus dem 19. Jahrhundert.

nem ›Heiligen Berg‹ begraben, aber ihr Grab wurde nie gefunden.

Wann haben die beiden heldenhaften Brüder gelebt? Es muß ungefähr im sechsten Jahrhundert vor Christus gewesen sein. Auf den Reliefs heißen sie ›Oberhäupter vom Hof der göttlichen Brüder‹. Pede-Ise wurde ›die Schlange (?) von Hethu (oder Hethor)‹ genannt, dem alten Namen des Gaues. Aber sie hatten mehrere Namen. Pede-Ises vollständiger Name war: ›Der von Osiris Begünstigte, Vortreffliche in der Stadt vom Hof der göttlichen Brüder, Pede-Ise, Sohn des Kuper, des Gerechtfertigten.‹ Der andere Bruder hieß: ›Der von Osiris Begünstigte, Vortreffliche in der Stadt vom Hof der göttlichen Brüder, Pede-Hor, Sohn des Kuper, des Gerechtfertigten.‹ Möglicherweise waren die beiden Brüder Krieger von außergewöhnlicher Tapferkeit, oder es waren Stammeshäuptlinge, die in Dendur lebten und starben. Da beide im Tempel abgebildet sind, wie sie Isis opfern, könnte Isis möglicherweise auch ihre Schutzgöttin gewesen sein.

Der Pylon, vielleicht aus Ziegelstein gebaut, ist verschwunden, doch das aus Natursteinen errichtete Portal ist erhalten geblieben und eindrucksvoll genug. Vor und hinter diesem Portal opfert der Pharao (Kaiser Augustus) den Göttern Ägyptens. An der kleinen Tempelfront stehen zwei sehr schöne Säulen mit Blumen-Kapitellen, aber die Verbindungs-Stürze zum Vestibül sind verschwunden. Im Vestibül gibt es Reliefs des Kaisers, außerdem links und rechts zwei weitere schmucklose Räume. In der Rückwand des Allerheiligsten befindet sich noch eine Scheintür mit Schlangen darüber, und dort sieht man die beiden Helden, wie sie zu Isis und Osiris beten.

Schließlich sind noch auf den Außenmauern des Tempels bedeutende Reliefs zu sehen. Pharao-Kaiser Augustus opfert Pede-Hor und Pede-Ise; letzterer wird von einer unbekannten Frau begleitet. Ihr Name ist nirgendwo vermerkt, möglich, daß es seine Ehefrau ist.

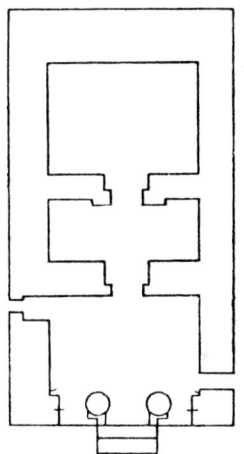

◁ Tempel von Dendur, teilweise unter Wasser; die normale Situation seit Beginn dieses Jahrhunderts.

Tempel von Dendur, Aufnahme ca. 1907.

Dendur

Errichtet durch:	Kaiser Augustus.
Entstehung:	Ende des 1. Jahrh. v. Chr.
Abbruch:	1962 durch den ägyptischen Antikendienst.
Wiederaufbau:	Noch nicht durchgeführt.
Standort:	New York, Metropolitan Museum.
Maße:	6 m breit, 14 m tief.
Geweiht:	Pede-Ise und Pede-Hor

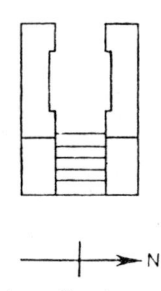

Tempel von Dendur.

Der Tempel von Kalabscha

Tempel von Kalabscha während der jährlichen Nil-Überschwemmung. Dieser Tempel wurde als eines der ersten gefährdeten Monumente Nubiens schon 1961–1963 geborgen.

Was braucht man überhaupt, um einen Tempel freizulegen? Nun, am Beispiel des Tempels von Kalabscha, der in der Größenordnung gleich nach Abu Simbel kommt, ist das schon eine stattliche Liste: vier Leichter (Verladeschiffe mit geringem Tiefgang), drei kleine Schleppboote; zwei Bulldozer und zwei Traktoren von je 100 PS; zwei Schwimmkräne; 60 Loren, die über 4 km Eisenbahnschienen fahren, wozu 800 Stahlschwellen verlegt werden mußten; 1 km Stahlgerüst und 100 cbm Holzgerüst. Im Laufe von achtzehn Monaten (September 1961 bis Frühjahr 1963) wurde der Tempel abgebrochen, umgesiedelt und wieder aufgebaut, wobei 450 Arbeiter eingesetzt waren, die oft in zwei Schichten zwanzig Stunden am Tag arbeiteten, dabei buchstäblich gegen Zeit, Wasser und mörderische Temperaturen von 45 bis 52 Grad Celsius kämpfend! Aber bevor man ans Werk gehen konnte, mußte ein Hafen gebaut und das Gelände am neuen Bauplatz bearbeitet werden. Dazu wurden 12000 cbm Erdreich durch Sprengungen bewegt.

Soweit in dürren Worten die lange Geschichte von der Umsiedlung des Tempels von Kalabscha, der rund 70 Meter lang und 35 Meter breit ist. Die Arbeiten waren 1962 und 1963 einem Team von deutschen Archäologen und Ingenieuren übertragen. Wer heute den herrlich restaurierten Tempel sieht, bekommt einen Eindruck von der immensen Leistung: 1600 Sandstein-Blöcke, die manchmal bis zu 20 Tonnen wogen, wurden Stück für Stück auf die Leichter gehievt und mußten 30 Kilometer nördlicher am neuen Standort abgeladen und aufgebaut werden.

Das heute versunkene Kalabscha war ein großes Dorf beiderseits des Nils; ein wichtiger Ort, denn hier lag auch der Bab el-Kalabscha, eine Art Tor im Sandsteingebirge, das das Niltal umschloß. Hier konnte man von der Wüste aus das Flußtal erreichen, und die Straße nach Taffa kam hier vorbei. Im Altertum lag hier die Stadt Talmis. Eine Zeitlang regierten die Priester von Philae dieses Gebiet. Hier herrschte eine besondere Gottheit – bekannt als Malul von Talmis –, ein typisch nubischer Gott, den die Griechen Mandulis nannten. Obschon von mehr regionaler Bedeutung, genoß er ein Ansehen wie nur wenig andere Götter. Er war eine Art Sonnen- oder Fruchtbarkeitsgott. Der Tempel von Kalabscha wurde ihm zu Ehren erbaut, und zwar auf einer Stelle, an der früher, vor langer Zeit, Amenophis II. (1436–1413 v. Chr.) einen Tempel hatte errichten lassen.

Erster Vorhof im Tempel von Kalabscha.

Die heutige Form des Tempels ist ein ptolemäischer Umbau. Aber auch später, unter Kaiser Augustus, wurde noch am Tempel gebaut.
Allerdings wurde der Bau niemals vollendet, das sieht man besonders an den unfertigen Reliefs und den unvollständigen Inschriften. Ja, man hatte oft nicht mal erkannt, was wo welche Bedeutung hatte. So zum Beispiel, wenn die Wände weiß verputzt oder die Verzierungen übermalt waren. Die Form des Tempels ist klassisch und sehr eindrucksvoll, weil der prunkvolle Damm vom Nil her erhalten blieb. Da ist zuerst unten am Flußufer die rechteckige Terrasse. Von dort aus führt der Damm (33 m lang und 8 m breit) aus kunstvoll behauenen Steinen in breiten, bequemen Stufen bis hinauf zum Pylon. Dieser hat zwar keine Reliefs, aber zwei Schächte für die Fahnenmasten und im Portal zwei Götterbilder.
Hinter dem Pylon liegt der Vorhof mit ursprünglich je vier Säulen an drei Seiten, durch Steinplatten-Stürze verbunden, und der Tempelfront als vierter Seite. Die Säulen tragen verschlungene Blumenranken auf den Kapitellen. An der Rückseite des Pylons sind die Mauern so dick, daß sogar kleine Räume darin Platz fanden, ebenso Treppen, die zum Dach hinaufführen. Der äußere Umgang wird von einer hohen Mauer umschlossen. Zusammen mit dem Pylon bildete dieser Platz einen abgeschlossenen Trakt, wenn die großen Tempelportale versperrt waren. Innerhalb der Umfassungsmauern lagen ein Nilometer mit einem großen und tiefen Brunnenschacht und in der südwestlichen Ecke das teilweise

aus dem Felsen gehauene ›Geburtshaus von Isis‹, das sogenannte ›Mammisi‹. Über eine Treppe in der drei Meter dicken Umfriedungsmauer erreicht man das Dach und von dort aus eine kleine Osiris-Kapelle. Speiende Löwenköpfe, die niemals vollendet wurden, sollten bei Regenfällen das Wasser abfließen lassen.
Der eigentliche Tempel beginnt mit dem querlaufenden Vestibül, in dem früher zwölf Säulen mit Blumenkapitellen das schwere Steindach trugen; es bestand aus dicken Platten, die nicht weniger als 7 m lang waren. Das Dach ist heute durch Betonplatten ersetzt, die denselben Dienst tun.

Hinter dem Vestibül liegen drei Räume mit unterschiedlich hohen Decken. Im hintersten Raum befindet sich eine Treppe zum Dach. Die Wände dieser Räume zeigen recht grob ausgeführte Reliefs: Kaiser Augustus steht inmitten verschiedener Götter; ein ptolemäischer König opfert Isis und Mandulis ›mit den glänzenden Wangen‹, wie einer seiner Namen lautet, sowie einer weiteren Gottheit. Es gibt auch ein Relief des ursprünglichen Tempelgründers, Amenophis II., der ein Schlachtopfer darbringt für den ägyptischen Gott Min und für Mandulis, den er vielleicht nicht einmal kannte. Einen seltsamen Kontrast hierzu bildet ein Fresko aus christlicher Zeit mit den drei Jünglingen im Feuerofen.

An Inschriften herrscht im Tempel von Kalabscha kein Mangel. Einige sind besonders aufschlußreich. Da ist an erster Stelle das berühmte ›Schweine-Dekret‹ von Aurelius Besarion, auch Amenius geheißen. Er war Gouverneur von Ombos und Elephantine, und er muß sich entsetzlich geärgert haben über die Eigentümer der Schweine, die ihr Borstenvieh einfach im heiligen Talmis herumlaufen ließen. Er verlangte, daß sie ihre Schweine von dort fernhielten. Dieser Text stammt aus dem Jahre 248 oder 249 nach Christus.

Auf der rechten Seite der Tempelfront steht die Inschrift des Silko, eines Königs der Nobaden im 5. Jahrhundert. Er rühmt in ziemlich schlechtem Griechisch seinen Sieg über die gefürchteten Blemmyer:

Relief auf einer Wand im ersten Vorhof: die Götter Horus und Thot beim jahrtausendealten Zeremoniell der Reinigung des Pharaos.

Eins der Jahrhunderte nach dem Tempelbau hinzugefügten Reliefs: ein Pharao vor dem Gott Amun.

134

◁ Links: In den Fundamenten des Tempels von Kalabscha fand man diese Stele aus rotem Granit: es ist eine Stele von Psammetich II., etwa aus dem Jahre 590 v. Chr., und sie berichtet von einer Expedition, die dieser Pharao nach Nubien entsandt hatte.

»Ich, Silko, mächtiger König der Nubier und aller Kuschiten,
Ich kam zweimal soweit, daß ich Talmis und Taphis *(Taffa)* erreichte.
Ich kämpfte gegen die Blemmyer, und Gott schenkte mir den Sieg.
Ich besiegte sie ein zweites Mal, drei gegen einen.
Und beim ersten Mal
Erstarkte ich dort mit meinen Truppen.
Ich schlug sie, und sie flehten mich um Gnade an.
Ich schloß Frieden mit ihnen, und sie schworen mir Treue bei ihren Göttern.
Ich vertraute ihnen, denn es sind treue Menschen.
Dann kehrte ich zurück auf meine Besitzungen im Oberland *(Ober-Nubien)*.
Denn ich bin ein König.
Ich bin nicht nur ein König in der langen Reihe anderer Könige,
Sondern ich gehe ihnen voraus! ...«

Neben dieser Inschrift befindet sich ein kleines Relief eines auf einem Pferd sitzenden Mannes in römischen Gewändern. Von einer Siegesgöttin empfängt er einen Kranz. Möglicherweise stellt diese Figur Silko dar.

Beim Abbruch des Tempels von Kalabscha kamen auch Steinblöcke von älteren Bauwerken zum Vorschein, die als Fundamente verwendet worden waren. Das veranlaßte die Archäologen, diese Blöcke beiseitezulegen. Als schließlich gegen Ende der Abbrucharbeiten auch noch die Fundamente eines älteren Tempels ans Licht kamen, glaubte man, es mit einem frühen ptolemäischen Tempel zu tun zu haben. Er war mit Reliefs von guter Qualität geschmückt und steht heute auf der Insel Elephantine.
Als man alle Steinblöcke des Mauerkerns gesammelt hatte, konnte man daraus ein Tempeltor von etwa sieben Meter Höhe zusammenstellen, außerdem blieben Teile eines kleinen Tempels mit Kartuschen des Königs Ergamenes von Meroe übrig, der etwa um 210 v. Chr. regierte. Auch auf dem Tor befinden sich schöne Kartuschen, unter anderem von Ptolemaios VIII. Euergetes (170–116 v. Chr.). So-

Eine aus den Felsen herausgesägte Stele des Vizekönigs Amenemope (ca. 1250 v. Chr.) wurde beim wieder aufgebauten Tempel von Kalabscha aufgestellt.

Das Kalabscha-Tor im Ägyptischen Museum in Berlin-Charlottenburg.

wohl das Tor wie der kleine Tempel wurden unter Kaiser Augustus vollendet, aber wenig später beschloß der Kaiser, den Tempel von Kalabscha zu vergrößern, man brach die älteren Bauten ab und verbaute deren Steinblöcke im Mauerkern des neuen.

Das Tor wurde 1962 entdeckt. Es dauerte jedoch noch 10 Jahre, bis die ägyptische Regierung es der Bundesrepublik zum Geschenk machte, als Dank für die Hilfe bei der Rettung von Kalabscha. Seit 1973 steht es im Ägyptischen Museum in Berlin-Charlottenburg.

›Mammisi‹ (Geburtshaus) des Tempels von Kalabscha. ▷

Kalabscha	
Errichtet durch:	Kaiser Augustus (im jetzigen Zustand).
Entstehung:	Ende des 1. Jh. v. Chr.
Abbruch:	1962 durch die deutsche Firma Hochtief.
Wiederaufbau:	1963
Standort:	Bei Assuan, südlich des Hochdammes.
Maße:	35 m breit, 70 m lang.
Geweiht:	Mandulis

Tempel von Kalabscha

Der Felsentempel von Bet el-Wali

Vorhalle im Tempel von Bet el-Wali.

Syrische Gefangene werden vor den Pharao geführt: Relief in der Vorhalle des Tempels von Bet el-Wali.

Ramses II. besaß in Nubien nicht weniger als sieben Tempel. Der Felsentempel von Bet el-Wali ist einer davon, zwar klein, aber sehr schön, besonders wegen der hervorragenden Qualität einiger Reliefs. Der Tempel war teilweise in den Felsen hineingebaut.

Ramses weihte den Tempel dem Gott Horus und den Göttern von Elephantine. Später wurde das Heiligtum wie fast alle anderen Tempel in Nubien eine koptische Kirche. Aber diese Epoche, die für Bet el-Wali nicht weniger als sieben Jahrhunderte anhielt, hinterließ zum Glück keine größeren Schäden.

Im Jahre 1964 begann der ägyptische Antikendienst mit dem Abbruch des hoch über den Ufern des Nils liegenden Felsentempels. Die notwendigen Geldmittel stellten die Amerikaner zur Verfügung, und 1965 baute der ägyptische Antikendienst den Tempel auf einem Platz in der Nähe des neuen Assuan-Dammes wieder auf. Dort, wo jetzt auch der Tempel von Kalabscha steht.

Säcke voller Gold, ganze Büschel Straußenfedern, Leopardenfelle und Elefantenzähne im Übermaß, gezähmte Jagdhunde, Affen, eine Giraffe, ein Strauß, Antilopen und prächtige Rinder mit langen Hörnern: all das gehörte zu den Dingen, die der Pharao aus dem fernen Süden erwarten durfte, den er unterworfen und tributpflichtig gemacht hatte.
Daß die Nubier während der Einfälle der Pharao-Truppen ziemlich ängstlich und verschreckt waren, zeigen die prachtvollen Reliefs in der Vorhalle des Tempels. Diese Halle hatte ursprünglich ein Steindach, Rückwand und Seiten bildete der massive Felsen. Das Dach ist heute nicht mehr da. Es war schon verschwunden, als der Tempel in eine koptische Kirche umgewandelt wurde, denn die Kopten bauten ein neues Dach, ein Tonnengewölbe aus Ziegelsteinen, das mindestens siebenhundert Jahre lang gehalten hat.

Oben: Ramses II. wird von der Göttin Isis gesäugt. Relief im Allerheiligsten des Tempels.

Unten: Nubier überbringen den Tribut: einen Jagdleoparden, einen Straußenvogel und eine Gazelle. Relief in der Vorhalle des Tempels.

Reste davon fand man in unserem Jahrhundert. Zur Zeit ist die Halle oben offen, und die fein gearbeiteten Flachreliefs sind sehr gut zu sehen. Früher waren sie auf die übliche Weise bemalt, aber heute ist fast nichts mehr davon zu sehen. Schuld daran ist der Kunstsammler Robert Hay, der im Jahre 1826 Joseph Bonomi, einen Maler und Zeichner, nach Bet el-Wali schickte. Der kam mit einem Faß Gips und einer Handvoll Helfern und begann, von jedem Relief einen Abdruck zu erstellen. Möglicherweise begleitete ihn Hays, um sich zu überzeugen, daß alles klappte. Sie leisteten gründliche Arbeit! Nicht nur, daß von jedem Relief ein Gipsabdruck gemacht wurde, auch die damals noch in vollem Glanz leuchtenden Farben wurden restlos zerstört.

Von der Vorhalle führten drei Portale, die durch große Türen verschlossen werden konnten, in eine Säulenhalle, wo proto-dorische Säulen die Decke stützten. Auf den Wänden sieht man schöne Reliefs in leuchtenden Farben – die aber längst nicht die Qualität der Außen-Reliefs erreichen –, auf denen der Pharao rituelle Handlungen im Beisein der Götter vornimmt.

Hinter dem Säulensaal liegt das Allerheiligste mit recht gut erhaltener Bemalung, besonders auf jenen Bildern, die bei den Kopten keinen Anstoß erregten. Dagegen sind drei Bilder auf der Rückwand so stark beschädigt, daß man nicht mehr erkennen kann, was sie darstellen.

Bet el-Wali	
Errichtet durch:	Ramses II.
Entstehung:	ca. 1275 v. Chr.
Abbruch:	1964 durch den ägyptischen Antikendienst.
Wiederaufbau:	1965–1968
Standort:	Bei Assuan, südlich des Hochdammes.
Maße:	8 m breit, 20 m tief.
Geweiht:	Amun-Rê, Chnum und Anukis

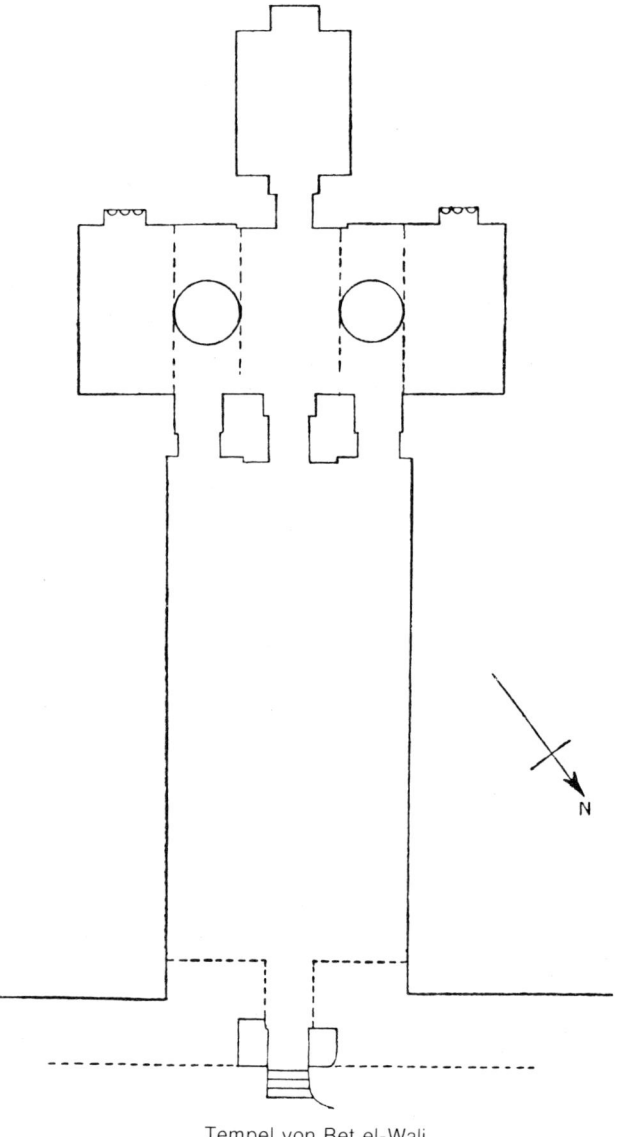

Tempel von Bet el-Wali.

Der Tempel von Taffa

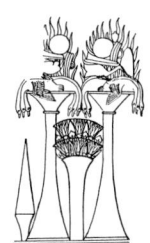

Der Tempel von Taffa ist ein hübsches, kleines Bauwerk, das nie vollendet wurde. Daher gibt es hier auch kein Relief wie sonst in jedem ägyptischen Tempel. Wann dieser Tempel errichtet worden ist, weiß man nicht genau, aber es muß so um 200 nach Christus gewesen sein, als Ägypten eine römische Provinz war, denn Römer bauten diesen äußerlich so typisch ägyptischen Tempel. Etwa um 400 n. Chr. wurde er nach einigen Umbauten endlich Isis geweiht. Im Jahre 710 wandelte man ihn in eine koptische Kirche um, und das blieb er, bis um 1000 n. Chr. die Moslems auf ihren Glaubensfeldzügen nach Süden vordrangen. Für Taffa war dies das Ende jedweden religiösen Zwecks – hier wurde fortan keine Gottheit mehr verehrt. Aber Menschen haben noch lange dort gewohnt, denn das relativ kleine Gebäude – 8 m breit und 7 m tief – eignete sich gut als Wohnung. Der Tempel hat nur einen Raum, in dem vier Säulen mit schönen, rankengeschmückten Blumenkapitellen die Decke tragen. Zusammen mit zwei

Tempel von Taffa im ursprünglichen Zustand; Foto aus der Zeit um die Jahrhundertwende.

ähnlichen Säulen links und rechts des Eingangs, der durch steinerne, mit einfachen Leisten besetzte Stürze gebildet wird, sind sie der einzige Schmuck des Bauwerkes.

Der Eingang des Tempels befindet sich an der Südseite, und die Fassade ist noch gut erhalten. Beim Bau wurden Sandsteinblöcke ohne Mörtel oder andere Verbindungsmittel aufeinandergeschichtet – eine durchaus gebräuchliche Baumethode –, und die Schwere des Materials sorgte für ausreichende Festigkeit der Mauern. Oberhalb des Eingangs sind zwei Reliefs mit geflügelten Sonnenscheiben, drei große Fenster lassen genug Licht ins Innere strömen. Das Dach, eine Holzkonstruktion mit schrägstehenden Dachbalken, gibt dem würfelförmigen Gebäude etwas Solides.

Der kleine Bau stand auf einer Art 3 m hohen Plattform aus Steinen, möglicherweise bildete eine Treppe die Verbindung zum Nilufer. Im vorigen Jahrhundert haben Reisende die Treppe noch gesehen, aber beim Abbruch fand man keine Spur mehr davon.

Was veranlaßte wohl die Römer, so weit südlich vom eigentlichen Ägypten Tempel zu errichten? – denn ursprünglich waren es zwei. Der andere wurde schon im 19. Jahrhundert aus dem damals alltäglichen Grund abgebrochen: man brauchte das Material zum Bau von Wohnhäusern im nubischen Dörfchen Taffa, das jetzt auf dem Grund des Nasser-Stausees liegt. Dieses Dorf bestand in der neueren Zeit nur aus einer Handvoll Häusern, war aber zu Zeiten der römischen Besatzung ein strategisch wichtiger Punkt, nämlich der südliche Zugang nach Nubien, der folglich auch die ägyptische Grenze beherrschte. Das Gebirge, das den Nil in Nubien umschließt, weicht bei Taffa zurück und läßt einen halbmondförmigen Uferstreifen entlang der Stromschnellen frei, die durch Granitbarrieren im Nil entstehen. Granitfelsen im Norden und Sandsteinhügel im Westen lieferten das Baumaterial für die beiden Tempel.

Über die Halbmondfläche verstreut lagen römische Posten, Unterkünfte, Häuser und die Tempel. Das Haus des Gouverneurs, eine kleinere Kopie vom Palast des Tiberius auf Capri, stand auf einer leichten Anhöhe, um jeden Windhauch zu nutzen. Die Gründung von Taphis, wie die kleine Stadt auf dem Westufer von den Römern genannt wurde (auf dem gegenüberliegenden Ufer lag die Schwesterstadt Contra-Taphis), hatte eine lange Vorgeschichte, die auch erklärt, warum man gerade diesen

Steinblöcke aus dem Tempel von Taffa werden zum Transport in die Niederlande in Plastikhüllen eingepackt.

Platz wählte, denn außer ein paar Felsen mit Inschriften aus dem Mittleren Reich (ca. 2052–1778 v. Chr.) zwischen den Stromschnellen bei Taffa gab es nichts. Es dauerte bis in die römische Zeit, ehe sich in dieser Gegend wieder etwas tat, obwohl man nicht ausschließen kann, daß in der Zwischenzeit dort eine Siedlung bestand, die spurlos verschwand.

Kaiser Augustus war einer der ersten, die so weit südlich noch ägyptisch-römische Tempel errichten ließen. Er wollte das Land befrieden und glaubte, daß Tempelgründungen ein geeignetes Mittel dazu wären. Dadurch bekäme die Bevölkerung das Gefühl, die neuen Herrscher würden ihre alten Götter wie sie selbst verehren.

Unter dem damaligen römischen Präfekten der Provinz Ägypten, Cornelius Gallus, wurden Botschafter aus Äthiopien (dem Sudan) eingeladen, um über das Gebiet zwischen dem Ersten und Zweiten Katarakt zu berichten. Dieses ›Land der dreißig Schoinen‹ sollte äthiopisch bleiben, aber unter römischem ›Schutz‹ stehen. Bei Bab el-Kalabscha, dem Tor in den Bergen, das zum Halbmond von Taffa führte, berichtet eine Inschrift, daß dieses Gebiet der dreißig Schoinen der Göttin Isis geweiht war. Das erklärt, warum es den Isis-Tempel in Taffa gibt.

Alles schien seinen gewohnten Gang zu gehen, bis die Äthiopier eine Königin bekamen, die einäugige Kandake, die für römischen ›Schutz‹ nichts übrig hatte. Als der römische Präfekt einmal außer Landes war, versuchte sie mit einem Heer von 30 000 Mann ganz Nubien in ihre Gewalt zu bringen, dabei konnte sie bis nach Assuan vordringen. Dann wurde sie durch die besser bewaffnete römische Streitmacht geschlagen, aber es dauerte doch etliche Jahre, bis die Römer wieder uneingeschränkte Herren in Nubien waren.

Fortan war dieser Abschnitt des Niltals deshalb militärisches Sperrgebiet. Dazu wurde eine Reihe von Kontrollposten in Form von Forts und Städten angelegt, die nie weiter als 24 römische Meilen voneinander entfernt waren, so daß direkter Kontakt möglich war. Auf dem westlichen Nilufer gab es neun dieser Posten, auf dem Ostufer fünf. So kam es zur Gründung von Taphis und Contra-Taphis.

Nubische Arbeiter bauten die beiden Städte unter römischer Aufsicht. Die Häuser erhielten dicke Mauern aus sorgfältig behauenen Steinblöcken – das war in der Gluthitze Nubiens kein überflüssiger Luxus. Als die Unterkünfte der Garnisonen fertig waren, begann man mit dem Bau der beiden Tempel. Der heute noch erhaltene Tempel wurde im Jahre 710 durch König Mercurius in eine christliche Kirche umgewandelt. Nach Jahrhunderten des Verfalls seit der arabischen Eroberung wurde er 1907 im Auftrag der ägyptischen Regierung sorgfältig restauriert. Seit 1910 stand der Tempel dann durch den Bau des alten Assuan-Dammes jedes Jahr zehn Monate unter Wasser. Doch viel Schaden genommen hat er nicht, ganz im Gegenteil. Es gab keine Malereien, die verloren gehen konnten, wohl aber spülte das Wasser alle Salzreste aus dem Stein, die so häufig das berüchtigte ›Ausblühen‹ durch Salzkristalle verursachen und an jedem Gestein die Oberfläche total zerstören. Durch das jährliche Bad, das bis 1961 stattfand, wurde der Tempel von Taffa so gründlich gereinigt, daß der Wiederaufbau keine Schwierigkeiten bereitete.

1961 erhielt die Schweiz vom ägyptischen Antikendienst den Auftrag, diesen Tempel abzureißen, die Steine zu numerieren und auf der Insel Elephantine zu lagern. 1971 wurden die Blöcke nach Leiden (Niederlande) gebracht, wo man sie 1977 auf dem Innenhof des Rijksmuseum van Oudheden wieder aufbaute.

Taffa	
Errichtet durch:	röm. Kaiserzeit
Entstehung:	ca. 200 n. Chr.
Abbruch:	1961 durch den ägyptischen Antikendienst.
Wiederaufbau:	1977–1978
Standort:	Leiden, Reichsmuseum für Archäologie
Maße:	7 m breit, 8 m tief.
Geweiht:	Isis

Tempel von Taffa, abgebrochen bis auf die unterste Steinschicht; Foto aus dem Jahre 1961.

Tempel und Steinbrüche von Kertassi

Tempel von Kertassi, jetzt wieder aufgebaut neben dem Tempel von Kalabscha.

Der herrliche kleine Tempel von Kertassi ist ein Kleinod ptolemäischer Baukunst und kann einem Vergleich mit dem Kiosk auf Philae durchaus standhalten, was die Qualität der (wenigen) Bildhauerarbeiten anbetrifft. Der Tempel wurde etwa zur selben Zeit wie der auf Philae gebaut, aber wem er geweiht war, weiß man nicht. Er mißt ungefähr 8,30 m im Quadrat und besteht nur aus einem einzigen Raum;

Oben: Zwei Säulen mit Hathor-Kapitellen im Tempel von Kertassi.

Unten: Nach dem Wiederaufbau zeigt der Tempel von Kertassi wieder Spuren seines alten Glanzes.

die Säulen mit Blumenkapitellen sind hervorragend gearbeitet. Früher lag der kleine Tempel auf einem Felsplateau hoch über dem Nil. Mit der Überflutung durch den alten Assuan-Damm verlor er beträchtlich an Höhe.
An der Nordseite befindet sich der Eingang zwischen zwei Säulen mit Hathor-Kapitellen; die anderen Säulen sind durch die üblichen Stein-Stürze miteinander verbunden, die nur an der Westseite fehlen. Im übrigen ist der Kiosk, der 1960 abgebrochen und 1963 neben dem Tempel von Kalabscha wieder aufgebaut wurde, in hervorragendem Zustand. Die griechischen und koptischen Inschriften kann man wieder deutlich lesen. Und es gibt auch ein Relief von einem unbekannten König, der Isis und Horus opfert.
In Kertassi fand man keine älteren Inschriften als die aus ptolemäischer Zeit. Damals wurden die großen Steinbrüche erschlossen, und der dort gebrochene Sandstein diente zum Bau der Tempel von Philae. Die Steinbrüche dehnten sich immer weiter aus und erlangten große Bedeutung, das erklärt auch den Bau des schönen Kiosk. Eine Anzahl ptolemäischer Gräber in der Gegend wurde nach dem Bau des alten Assuan-Dammes überflutet.
Die Steinbrüche lagen rings um den Kiosk, der Nil bildete die vierte Seite. Möglicherweise gab es dort auch noch eine Stadt. Der südliche Steinbruch war der größte und zog sich am Nil entlang, aber auch auf dem Berg wurde bis zu einer Entfernung von anderthalb Kilometern gearbeitet. Der eindrucksvollste befand sich zwischen dem Kiosk und dem römischen Fort, das Sicherheit garantierte. In diesem Steinbruch, der nur durch eine enge Felsspalte erreicht werden konnte, gab es viele Votiv-Stelen, von denen beispielsweise zwei Osiris gewidmet waren. Die Westwand weist viele griechische Inschriften auf, es gab auch ägyptisch-römische Statuen und eine Nische – vielleicht eine kleine Kapelle für ein Götterbild. Die griechischen Inschriften stammen aus der römischen Kaiserzeit und waren an Isis und zwei nubische Gottheiten gerichtet: Sruptichis und Pursepmunis.

Der Steinbruch bei Kertassi; auf der Felswand in der Mitte zahlreiche griechisch-römische Inschriften.

Die größte Felswand im Steinbruch enthielt nicht weniger als fünfzig Inschriften; alle sechs bis acht Zeilen lang und von Linien rechteckig eingefaßt. Viele waren an Isis und andere Götter gerichtet. Priester, die mit der Aufsicht der Steinbrucharbeiter beauftragt waren, hatten sie dort angebracht. Ein Text berichtet, daß ein gewisser Orses nicht weniger als 110 Steine behauen hatte! Der Bestimmungsort dieser Steine war immer derselbe: Philae.

Kertassi	
Errichtet durch:	– –
Entstehung:	Ptolemäische Zeit
Abbruch:	1960 durch den ägyptischen Antikendienst.
Wiederaufbau:	1963
Standort:	Beim wieder aufgebauten Tempel von Kalabscha.
Maße:	8,30 m im Quadrat.
Geweiht:	Isis-Hathor

Der Tempel von Debod

Tempel von Debod. Auf diesem Foto aus dem Jahre 1907 kann man noch alle drei Eingangstore sehen. Das erste davon stürzte im Laufe der Jahre ein und konnte am neuen Standort in Madrid nicht mehr aufgebaut werden.

Im Jahre 1968 schenkte Präsident Nasser als Dank für die in Nubien geleistete Hilfe Spanien den Tempel von Debod. Das war der erste Tempel, der 1960 abgebrochen worden war. Nun konnten die Steine endlich ihrer endgültigen Bestimmung zugeführt werden, bis dahin hatten sie auf der Insel Elephantine gelegen.

In einem hügeligen Stadtteil Madrids begann 1970 der Wiederaufbau, und zwar im Park auf dem Hügel des Prinzen Pio. Im Zentrum dieses Parks wurde der Tempel auf ein wasserfestes Betonfundament gestellt, vorschriftsmäßig in Ost-West-Richtung und mit deutlicher Markierung der Bodenplatte genauso aufgebaut, wie er früher einmal ausgesehen haben muß: komplett mit einer Rampe und einer

Der nubische König Asacheramon bringt Amun ein Opfer dar. Relief im Tempel von Debod.

◁ Links oben: Die Kisten mit Steinblöcken liegen bereit zum Wiederaufbau des Tempels von Debod in Madrid.

Links unten: Wiederaufbau des Tempels von Debod auf einem Hügel im städtischen Park von Madrid.

Mauer ›hinab zum Nil‹, obwohl im Original von diesen Zusatzbauten nichts mehr vorhanden war. Links und rechts der Tempelportale des Hauptgebäudes legte man große Teiche an, in denen sich der Komplex widerspiegelt. Die Palmen des Parks geben dem Tempel auch an seinem jetzigen Standort eine ägyptisch anmutende Kulisse.

Als ägyptischen Tempel kann man den von Debod nur bedingt bezeichnen: er wurde vermutlich durch König Asacheramon von Meroe gebaut, einem jener nubischen Fürsten, die oft ägyptischer dachten und handelten als die Ägypter selbst. Diesen Schluß lassen Inschriften auf dem zweiten Tempeleingang zu, von denen einige in griechisch, andere in Hieroglyphen abgefaßt sind. Eine Anzahl Reliefs vervollständigt das Ganze.
Wann genau König Asacheramon regierte, ist unbekannt. Aber von einem anderen König, der ebenfalls den Tempel gebaut haben soll, weiß man es genau: er herrschte von 315 bis 297 v. Chr. und wurde nach seinem Tod als erster in der königlichen Totenstadt im Norden von Meroe beigesetzt.
Wie damals üblich, ließ sich der nubische König – wer es auch gewesen sein mag – als ägyptischer Pharao abbilden, der die Götter Ägyptens anbetete. Zahlreiche Hieroglyphen-Texte auf den Wänden bezeugen, daß der Tempel Amun geweiht war. In späterer Zeit kamen noch ein paar Anbauten hinzu, von denen man aber weiß, wer sie bauen ließ.
In seiner besten Zeit muß Debod ein imposanter Tempel-Komplex gewesen sein, umschlossen von einer gewaltigen Mauer und nicht weniger als drei Pylonen. Nur die steinernen Tore der Pylone blieben erhalten, genauer gesagt, zwei Tore, denn das dritte verschwand in diesem Jahrhundert: die Einwohner des nubischen Dorfes Debod holten sich die Steinblöcke zum Bau ihrer Häuser.

Wie jeder ägyptische Tempel wurde auch der von Debod im Laufe der Zeit verschönert und erweitert. Die zweite Tempelpforte ist eine solche Erweiterung. Nach einer griechischen Inschrift widmeten Ptolemaios VI. Philometor und seine Gemahlin Kleopatra II. zwischen 172 und 170 v. Chr. Isis dieses Tor. Auch im Innern des Tempels kamen Räume hinzu, wahrscheinlich vom selben Ptolemaios gebaut. Zur Zeit von Augustus wurde das gesamte Vortor mit Reliefs ausgeschmückt, auf denen der Kaiser den Gottheiten Thot, Amun, Isis und Osiris Opfer darbringt.
Der schönste Raum des eigentlichen Tempels ist

1. Der große Isis-Tempel auf der überfluteten Insel Philae.

2. Arbeiten zur Umsiedlung der Tempel auf der Insel Philae im Jahre 1975.

1. Relief im großen Isis-Tempel auf Philae.

2. Gerüste und Kräne vermitteln den Eindruck reger Aufbau-Arbeit. In Wirklichkeit werden hier die Tempel von Philae Stein für Stein abgetragen, damit sie auf der Insel Agilkia aufs neue entstehen können.

die sogenannte Asacheramon-Halle. Dort sind sämtliche Wände mit Reliefs verziert, auf denen der König nicht weniger als 24 Gottheiten opfert. Und obwohl die nubischen Könige doch eigentlich nichts mit einem Ägypten zu schaffen hatten, das von Griechen regiert wurde, nannte sich Asacheramon nichtsdestotrotz ›Herr der Zwei Länder‹ und ›Sohn des Rê‹. Auf einem Relief heißt es: »*Der von Isis geliebte, der gute Gott (der Pharao), hat für seinen Vater dieses Monument errichtet.*« Außerdem versichert Amun seinem ›Sohn‹: »*Ich schenke dir Wissen, ich schenke dir ungeteilte Freude, ich schenke dir Unsterblichkeit.*«

Die Griechen haben die ägyptischen Monumente stets gut erhalten, erweitert und verschönert, ebenso wie nach ihnen die Römer. Es gab sogar ein in Alexandrien erlassenes Gesetz, das andere Bauten vor einem Tempel verbot. Aber an den Seiten- und rückwärtigen Mauern durfte man anbauen. Das sieht man auch in Debod an der ziemlich unpassenden Erweiterung links. Unter anderem gab es im Tempel eine Treppe, die zu einem von außen nicht sichtbaren Raum führte, einer Art Zwischengeschoß. Der kubusförmige Anbau an der linken Seite war vielleicht so etwas wie eine Sakristei.

Schließlich muß noch die herrliche Statue aus dem berühmten rosa Granit von Assuan erwähnt werden. Eine Legende erzählt, sie sei dort aufgestellt worden, weil an dieser Stelle Horus geboren wurde. Eine andere Legende will wissen, daß Isis an diesem Ort die ersten Wehen spürte, als sie auf dem Wege nach Philae war, um dort Osiris' Sohn zu gebären.

Die Inschrift sagt, wie es war: Ptolemaios XIII., der von 80 bis 51 v. Chr. regierte (ein Bruder und Vorgänger Kleopatras), machte dieses schöne Stück dem Tempel zum Geschenk.

Die letzte bekannte Verschönerung ist ein Relief aus dem 3. Jahrhundert mit Abbildungen von Amun und der Göttin Mahesa.

Debod	
Errichtet durch:	Asacheramon
Entstehung:	3. Jahrh. v. Chr.
Abbruch:	1960 durch den ägyptischen Antikendienst.
Wiederaufbau:	1970–1971
Standort:	Madrid
Maße:	ca. 10 m breit, 40 m lang.
Geweiht:	Amun

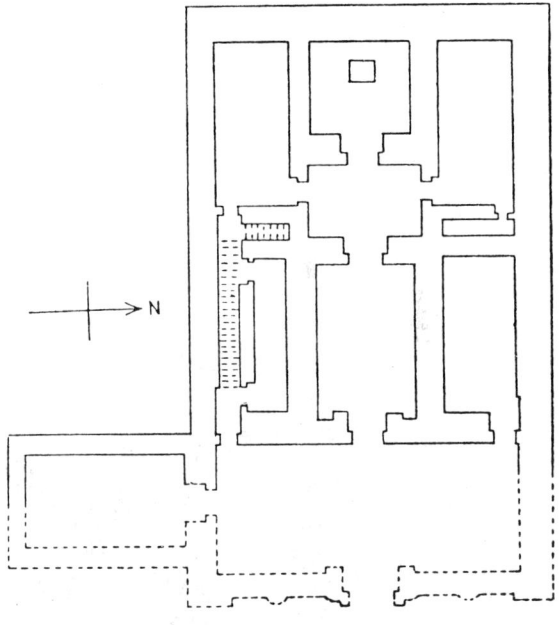

Tempel von Debod

◁ Links: Tempel von Debod, wieder aufgebaut in Madrid.

Die Insel Philae

In der Geschichte Ägyptens ist die Insel Philae, die Perle Ägyptens, noch ziemlich jung. Nichts auf diesem prachtvollen Eiland mit seiner Vielzahl von Gebäuden stammt aus Zeiten vor dem 7. Jahrhundert v. Chr. Das älteste Stück ist ein Altar Pharao Taharkas (690–664 v. Chr.), der im Isis-Tempel einen Platz fand. Im übrigen ist Philae vor allem ptolemäisch und römisch, denn erst spät begann die große Zeit der Insel. Die Bauwerke aus der ptolemäischen Ära mögen nach Meinung der echten Kenner Alt-Ägyptens vielleicht dekadent, unverständlich und ein verwässerter Abklatsch älterer Vorbilder sein – doch niemand kann sich der romantischen Schönheit jenes barocken Reichtums der Bauwerke entziehen, die sich in nicht allzu ferner Zeit wieder so in den Wassern des Nils spiegeln werden, wie sie es zweiundzwanzig Jahrhunderte lang getan haben, ehe der erste Damm von Assuan sie jedes Jahr neun Monate lang in seinem Stausee versinken ließ.

Philae, am Anfang des Ersten Katarakts bei Assuan gelegen, war eine touristische Attraktion, seit der Mensch zum ersten Mal hinauszog, etwas anderes zu schauen als seine eigene, vertraute Welt. Diese Entwicklung wurde zumindest teilweise unterbrochen, als durch den ersten Damm ein Stausee entstand. Eigentlich hätte der Damm höher werden müssen, aber die Archäologen und Touristen prote-

Trajans-Kiosk auf der Insel Philae. Diese Aufnahme des französischen Fotografen Maxime Du Camp aus dem Jahr 1850 vermittelt etwas von der romantischen Atmosphäre, der die Insel im vorigen Jahrhundert ihren Namen verdankte: die ›Perle Ägyptens‹.

Nach dem Bau des ersten Assuan-Staudammes standen die Tempel auf der Insel Philae jedes Jahr monatelang teilweise unter Wasser.

stierten 1902 derart heftig gegen solche Pläne, daß der niedrige Damm gebaut wurde. Schon 1907 zeigte sich, daß der ursprüngliche Plan der beste gewesen war: sollte die ägyptische Bevölkerung nicht Hungers sterben, mußte der Damm bis auf die ursprünglich vorgesehene Höhe aufgestockt werden. Diese Konsequenz jedoch wurde erst viele Jahre später gezogen.

Im Jahre 1902 hatte der junge Churchill den Protest der Touristen empört kommentiert: »Dieses Opfer von 1.500 Millionen Kubik-Fuß Wasser ... durch die weisen Männer aus dem Westen ist das grausamste, übelste und unsinnigste Opfer, das jemals auf dem Altar des falschen Gottesdienstes dargebracht wurde. Der Staat muß in Schwierigkeiten kommen und die Bevölkerung Hunger leiden, nur damit die Professoren frohlocken und die Touristen ein Plätzchen finden, wo sie ihre Namen einkratzen können.«

Der Bau des neuen Assuan-Dammes nach 1955 weckte anfangs kaum Widerstand. Es schien, daß man die Notwendigkeit einsah. Kritik – oft vollkommen aus der Luft gegriffen – wurde erst nach Fertigstellung des Dammes laut. Dabei spielte es auch eine

Trajans-Kiosk auf der schon teilweise überfluteten Insel Philae.

Philae unter Wasser, hier ein Blick von den Ruinen des Osiris-Tempels (unter Ptolemaios III. erbaut) auf der Insel Bigge.

gewisse Rolle, daß viele Baudenkmäler, u. a. auch Philae, für immer im Wasser versinken würden.

Reisende des 19. Jahrhunderts konnten Philae noch in vollem Glanz genießen, mit aller Romantik einer im schönen Grün hoher Palmen liegenden, anmutig geformten Insel. Man fuhr mit luxuriösen Wohnbooten den Nil hinauf und war auf einer solchen Reise oft monatelang unterwegs. Berühmte Lotsen lenkten geschickt und mit einer gehörigen Portion Mut die plumpen Schiffe durch die gefährlichen Stromschnellen zu immer neuen Wundern. Damals konnte niemand ahnen, daß dieses Nubien einmal verschwinden würde.
Aber schon im Altertum kamen Touristen nach Assuan, um Philae zu besuchen. Herodot war dort, erwähnt Philae aber nicht, was übrigens nicht weiter verwunderlich ist, denn zu der Zeit gab es dort wenig zu sehen. Außerdem galt Philae nichts im Vergleich mit der so viel bedeutenderen Insel Bigge, wo sich das *Abaton* befand, das Grab des Osiris, in dem man der Sage nach sein linkes Bein bestattet hatte, nachdem er von seinem Bruder Seth ermordet worden war. Seine Witwe Isis kam, in Gestalt eines Kult-Bildes aus dem Isis-Tempel auf Philae, alle zehn Tage, um am Abaton zu klagen. Dies lag in einem heiligen Hain, in dem totale Stille herrschen mußte und wo 365 Altäre standen, auf denen Priester des Horus' Milch und Wasser opferten.
Heute weiß kaum jemand, wo Bigge liegt oder was der Name bedeutet, aber von Philae hat jeder schon gehört.

Philae ist eine der vielen Granitinseln im Ersten Katarakt. Die Priester, die im Altertum dort lebten, nahmen an, daß tief unter der Insel die Quellen des Nils entsprängen. Aber auch die Priester von Bigge glaubten, die Nilquellen lägen unter ihrer Insel. Nur über eins gab es keine Meinungsverschiedenheit: bei Philae und Bigge lag jener Punkt, von dem aus der Nil nach Norden und nach Süden strömte. Das hört sich seltsamer an als es ist. Die Strömung im Katarakt war aber so eigenartig, und es gab dort so viele Gegenströmungen, daß man das Wasser tatsächlich nach Süden fließen sah – dieser Anblick war schon recht verwirrend!

Im Jahre 1955 faßte man den Entschluß, den Hochdamm bei Assuan zu bauen. Im Mai 1964 drückten Nasser und Chruschtschow gemeinsam auf den Knopf, damit die Sandmassen, die den Umleitungskanal verschlossen, abgesaugt würden. Das

Während der erste Assuan-Damm gebaut wurde, konnte man Philae nur in den Sommermonaten besichtigen, wenn die Insel ›auf dem Trockenen‹ lag.

Wasser strömte ins neue Bett, und die Arbeiten am Damm konnten weitergehen. Schon damals war der Damm auf dem Grund des Nils 900 m breit und 40 m an der Krone. Mit den verbrauchten Erdmassen hätte man 170 Pyramiden bauen können, und

Mit dem Bau der Kolonnade vor dem großen Isis-Tempel wurde unter einem der letzten einheimischen Pharaonen von Ägypten begonnen: Nektanebos I. (ca. 360 v. Chr.).

◁ Links: Die Innenseite des großen Pylons am Isis-Tempel.

der benötigte Stahl hätte für 15 Eiffeltürme gereicht!

Zwischen den beiden Dämmen, dem alten und dem neuen, befand sich Philae buchstäblich in Todesgefahr. Der Wasserpegel in dem relativ kleinen Zwischensee wechselte jeden Tag mehrere Male, und dieses stark bewegte Wasser war für die Bauwerke selbst dort ein Unglück, wo man schon 1902 die Fundamente und manche Mauern so verstärkt hatte, daß der Schaden auf ein Minimum begrenzt blieb.

Zwischen 1959 und 1968 wurde eine ganze Reihe von Plänen zur Rettung aufgestellt und wieder verworfen. Eine gute Möglichkeit schien der Plan des ägyptischen Ingenieurs Rostem zu bieten: die Inseln Bigge und Agilkia sollten durch starke Dämme mit dem Nilufer verbunden werden, damit man eine Art

Reliefs auf dem großen Pylon am Isis-Tempel.

Priester tragen die heilige Barke der Göttin Isis. Relief auf der Innenseite des ersten Pylons am Isis-Tempel.

Ein Pharao opfert den Gottheiten Horus und Harpokrates.

See im See bekäme. Dessen Wasserspiegel könnte dann durch Pumpen auf konstanter Höhe gehalten werden, so daß die Insel immer über Wasser blieb. Die niederländische Regierung ließ diesen Plan durch ein großes Ingenieurbüro ausarbeiten. Aber letztlich entschied man sich doch für einen anderen, wenn auch etwas teureren Plan, nämlich, die Bauwerke auf Philae abzubrechen und sie auf dem nahen Agilkia wieder aufzubauen, weil diese Insel auch in der neuen Situation über den Wasserstand hinausragte.

Agilkia wurde sofort einer Art ›Schönheitskur‹ unterzogen. Man trug Erhebungen ab und füllte mit diesen Erdmassen das Ufer an, bis die Insel eine Form annahm, die der des früheren Philae sehr ähnlich ist. Aus Beton wurden dann die Rohbauten für Anlegemauern und Treppen sowie die Fundamente für die verschiedenen Tempel gegossen. Dort liegen die Tempel von Philae jetzt, Stein für Stein mit mächtigen Kränen abgebrochen, numeriert und markiert, sorgfältig gestapelt – der Wiederaufbau kann beginnen. Das Ziel ist es, der Insel schließlich jenes romantische Flair wiederzuschenken, das ihr im 19. Jahrhundert zu eigen war: eine Insel im Schmuck ihrer Bauten und Pflanzen, wie man sie von den alten Gemälden und Zeichnungen her kennt. Es hat lange gedauert, ehe man daran gehen konnte, diese immense Aufgabe zu lösen. Aber nun nimmt alles greifbare Formen an: bis 1980 soll Philae wiedererstehen.

Noch viel ist aufzubauen auf der neuen Insel Philae! Der wundervolle Isis-Tempel mit dem Mammisi, dem Geburtshaus; der berühmte Trajans-Kiosk, wo die göttliche Barke der Isis während der heiligen Prozessionen anlegte; die eleganten Kolonnaden am Isistempel; die kleineren Tempel von Im-

Nach dem Bau einer großen Spundwand rings um die Insel konnte 1974 begonnen werden, die Tempel und andere Bauwerke umzusiedeln.

Eine der Zugangs-Öffnungen in der Kaimauer von Philae.

Ein römischer Kaiser, als ägyptischer Pharao gekleidet, bringt Osiris Opfer dar. Relief im Isis-Tempel.

Gott Bes als Harfenspieler. Relief auf einer Säule im kleinen Tempel von Hathor.

Arbeiten zur Umsiedlung der Tempel auf Philae: eine Spundwand umschließt die ganze Insel (Aufnahme vom Sommer 1975).

hotep, Hathor, Augustus, Mandulis und Arensnuphis.
Die riesigen Pylone werden im vollen Schmuck ihrer Reliefs wiedererstehen, auf denen ptolemäische Pharaonen und römische Kaiser im Pharaonenornat fremde Götter anbeten. Allmächtig war die Göttin Isis, nachdem ihr Ptolemaios VI. in einem Dekret auf dem zweiten Pylon ihres Tempels das ganze Gebiet südlich von Elephantine (bekannt als Dodekaschoinos) geweiht hatte. Daher kamen sämtliche Erträge aus diesem Gebiet auch ihrem Tempel zugute! Die Allmacht der Göttin Isis war nicht auf Ägypten und Nubien beschränkt. Auch in Rom betete man sie an und in vielen Städten der Mittelmeer-Länder. Entsprechend groß muß die Zahl der Pilger gewesen sein, die zu ihren Tempeln wallfahrteten.
Der Isis-Tempel auf Philae ist ein großartiges Bauwerk. Der erste Pylon bildet ein eindrucksvolles Portal mit großen Reliefs von Pharao Ptolemaios XI. Neos Dionysos, der vor Isis, Horus und Hathor Kriegsgefangene an den Haaren packt und mit der Keule erschlägt. Hinter diesem Pylon liegt der Vorhof mit allerlei Räumen (etwa der Tempel-Bibliothek) auf der einen Seite, auf der anderen das Mammisi (Geburtshaus), ein typisches Gebäude der späteren Zeit. Dort zelebrierte man die Riten zu Ehren von Horus und seiner göttlichen Geburt (aus der Verbindung von Isis und Osiris). Ein kleinerer Pylon bildet den Zugang zum eigentlichen Tempel. Dort liegen die Vorhalle, zwölf Räume und eine Krypta. Zu den eindrucksvollsten Baudenkmälern auf Philae gehören die prachtvollen Kolonnaden am

Isis-Tempel auf der durch die Spundwand trockengelegten Insel Philae.

Isistempel, die im 1. Jahrhundert n. Chr. errichtet wurden. Kein Kapitell gleicht dem anderen, und die Variationen an Blumen und Blättern sind unzählbar! Vom Strom aus blieben die Kolonnaden hinter einer hohen Mauer mit Fenstern verborgen. Darüber hinaus ragt der elegante Kiosk, den Kaiser Trajan bauen ließ und der den merkwürdigen Namen ›Das Bett des Pharao‹ erhielt. Am Mammisi krönt Hathor mit Kuh-Ohren die prächtigen Säulen mit den Blumenkapitellen. Dieses Bauwerk entstand im 2. Jahrhundert v. Chr. Die Säulen sind durch die schon bekannten Stürze (aus Naturstein und voller Reliefs) miteinander verbunden.

Die wichtigste Stätte der Isis auf Philae entstand erst im 4. Jahrhundert v. Chr. Bis dahin verehrte man hier die Göttin Hathor-Tefnut, aber Philae hatte kaum eine Bedeutung. Bigge mit dem *Abaton* war weitaus wichtiger. Im 4. Jahrhundert setzte dann eine überaus rege Bautätigkeit auf der Insel ein. Die Pharaonen Nektanebos I. und II. machten den Anfang, dann kamen die verschiedenen Ptolemäer, die offenbar eine Schwäche für Philae hatten. Mit dem

Bau des großen Isis-Tempels wurde unter Ptolemaios II. Philadelphos begonnen, und seine Nachfolger sorgten nach besten Kräften für weiteren Ausbau und Verschönerung. Dann kamen die römischen Kaiser und ließen viele kleinere Tempel errichten. Für den Anfang bauten sie erst einmal die Kolonnaden links und rechts der Zufahrtsstraße zum Isis-Tempel, wobei Kaiser Augustus die westliche Galerie vollendete. In einem ägyptischen Tempel ließ er natürlich als Nachfolger der Pharaonen seinen Namen in Kartuschen schreiben. Imhotep, der Gott gewordene Architekten-Arzt, bekam zusammen mit dem nubischen Sonnengott Mandulis und mit Arensnuphis einen eigenen kleinen Tempel in der linken Kolonnade.

Hadrian baute ein Tor an der Westseite von Philae, mit einem schönen Ausblick auf Bigge. Diokletian ließ vermutlich die größte der Kaimauern und ein Stadttor anlegen. Schließlich gab es auch eine kleine Stadt auf Philae, denn das zahlreiche Tempelpersonal und die Priester und Priesterinnen mußten ja irgendwo wohnen. Die letzteren wurden auf der Insel Hisa in schönen Felsgräbern beigesetzt. Soweit diese nicht geplündert waren, konnte man die Mumien bergen und ins kleine Museum nach Elephantine bringen.

Philae erlitt natürlich dasselbe Schicksal wie so viele andere altägyptische Baudenkmäler, nachdem das Land christianisiert worden war. Wieder fällt auf, welch große Schäden die Kopten in ihrem Eifer anrichteten, auch die letzte Erinnerung an die alten Götter auszumerzen. Reliefs wurden einfach abgeschlagen, Statuen zertrümmert, und aus Ziegelsteinen entstanden die Kirchen. Philae war Bischofssitz, und einer dieser kirchlichen Würdenträger hinterließ eine Inschrift. Ansonsten blieb von Stadt und Kirchen kaum etwas übrig. Das Zerstörungswerk vollendete der Nil, der die ungebrannten Lehmziegel wieder zu Nilschlamm zermahlte.

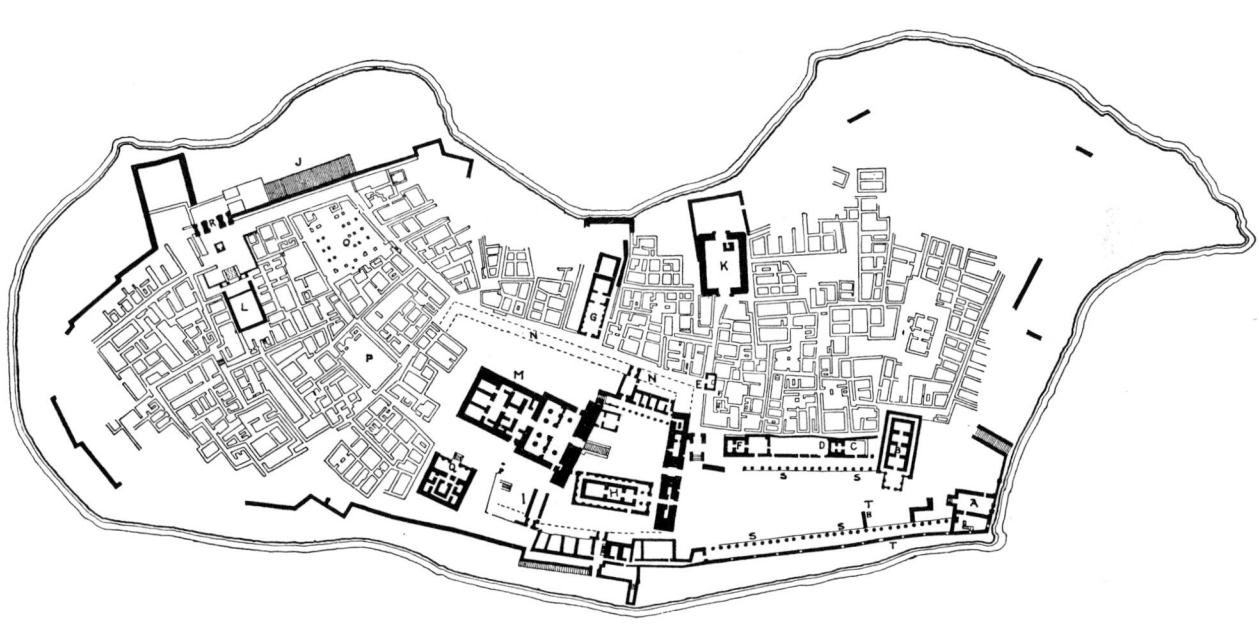

Philae	
Errichtet durch:	Nektanebos I. und II., ptolemäische Könige und römische Kaiser.
Entstehung:	4. Jahrh. v. Chr. bis 2. Jahrh. n. Chr.
Abbruch:	1974–1977 durch ein internationales Konsortium unter Leitung der UNESCO.
Wiederaufbau:	1976–1978
Standort:	auf der (umgebildeten) Insel Agilkia.
Maße:	(die Insel) 450 mal 150 Meter.
Geweiht:	Isis (und anderen Gottheiten)

Lageplan der Gebäude auf Philae (Zeichnung von W. B. Emery, gestützt auf die Untersuchungs-Ergebnisse von H. G. Lyons, Ende des vorigen Jahrhunderts)

A Vorhalle Nektanebos I.
B Arensnuphis-Tempel
C kleiner Tempel
D Mandulis-Tempel
E Kapelle
F Imhotep-Tempel
G Hathor-Tempel
H Mammisi
I Hadrians-Tor
J Zugangstreppe
K Trajans-Kiosk
L Augustus-Tempel
M Isis-Tempel
N Einfriedungsmauer
O Große Kirche
P Kleine Kirche
Q Harendotes-Tempel
R Stadttor
S Säulengalerien
T Nilometer

Quellen- und Fotonachweis

Benutzte Quellen

A. J. Arkell, *A History of the Sudan to 1831,* London 1961
Chr. Desroches-Noblecourt, *Ramses le Grand* (Ausstellungs-Katalog), Paris 1976
W. B. Emery, *Egypt in Nubia,* London 1965
R. Keating, *Nubian Rescue,* London 1975
K. Michalowski, *Faras,* Zürich 1967
K. Michalowski, *The Art of Ancient Egypt,* London 1974
Bob Tadema Sporry / Auke A. Tadema, *Het Wereldrijk der Farao's,* Bussum 1975
J. Vergote, *De Egyptenaren en hun godsdienst,* Bussum 1974[2]
Unesco-Courier, Februar 1960, Oktober 1961 und Dezember 1964

Chronologie

Die Zeitansätze ägyptischer Pharaonen entsprechen den Zeitangaben in der Neuausgabe der *Cambridge Ancient History.*

Bildnachweis

Drs. R. J. Demarée, Den Haag
2/3, 12, 14, 22, 24 (oben), 115, 145 (oben), 152 (oben), 162 (oben)
Ägyptisches Museum, Berlin 135 (unten)
Ägyptisches Museum, Turin 58, 95, 96, 97
Nationalmuseum Warschau 45 (4)
Rijksmuseum van Oudheden, Leiden 85, 87, 88, 142
A. A. Tadema, Heemstede 6, 8, 9, 10, 17 (3 bis 5), 19, 23, 24 (unten), 26, 27, 45 (1 bis 3), 48, 59, 62, 63, 64, 66, 67, 68, 70, 71, 73, 80, 81, 102, 125, 132, 133, 134, 135 (oben), 136, 137, 139, 140, 144, 145 (unten), 149, 166
Unesco (Keating, Laurenza, Mariani, Raccah) Amsterdam 11, 29, 30, 31, 32, 33, 35, 36, 37, 38, 39, 42, 44, 47, 50, 51, 52, 53, 54, 55, 57, 65, 69, 72, 74, 75, 76, 77, 78, 79, 89, 91, 93, 98, 99, 101, 104, 105, 106, 107, 109, 110, 111, 112, 113, 116, 117, 118, 119, 120, 121, 123, 124, 127, 128, 130, 138, 141, 143, 146, 147, 148, 150, 151, 152 (unten), 154, 156, 157, 158, 159, 160, 161, 162 (unten), 163, 164
Dr. G. J. Verwers, Den Haag 13, 16, 17 (1, 2 u. 6), 20, 46

Schutzumschlag-Vorderseite: Prof. Dr. Erich Winter, Mainz
Schutzumschlag-Rückseite:
1–3 Chr. Desroches-Noblecourt, 4 Unesco-Almassy

Register

Abaton 157, 166
Abdallah Nirqi 9, 84, 86ff.
Abessinien 18
Abu Hoda 59f.
Abu Saleh 91
Abu Simbel 8, 10, 18f., 48, 50, 57–61, 63f., 67ff., 72f., 76, 84f., 102, 124, 126
Abusir 47
Ackerbau 86
Adams, W. 31, 52
Adel 89f.
Affen 139
Afrika 15, 21, 24
Agilkia 10, 159, 161, 165, 167
A-Gruppe 25, 27
A-Gruppen-Kultur 16f.
Ägypten 6, 8–11, 28f., 22f., 25, 27f., 30, 33, 72, 84, 87, 90, 97, 114f., 129, 141, 153, 164
Ahmose I. 43
Akazien 30
Akscha 20, 50
el-Allaqi 119
Alexander der Große 21
Alexandrien 153
el-Ali, Sadd 6, 8
Alodia 22, 53
Altes Reich 15, 21, 28
Alwa 22
el-Amada 100, 103–109, 124
Amarna-Zeit 103
Amenemhet I. 18, 30f., 119
Amenemhet III. 34, 107
Amenemope 135
Amenius 133
Amenophis II. 33, 93, 107ff., 132f.
Amenophis III. 14, 38, 112
Amenophis IV. 18
Amerika 24, 100, 114, 139
Amulette 38, 100
Amun 21, 58, 60, 102, 108, 133, 149, 153
Amun-Rê 58ff., 70, 95, 103, 107, 109, 112ff., 140
Aniba 89, 98ff.
Antilopen 93, 139
Anubis 58
Anukis 58f., 97, 119, 140
Arensnuphis 164, 167
Armee 11, 25
Armut 23
Asacheramon 149, 153

Askut 40
Assarhaddon 21
Assiut 8
Assuan 6, 8f., 13, 17f., 24, 48, 91f., 125f., 136, 140, 143, 154, 157, 165
Assurbanipal 21
Assyrien 21
Äthiopien 142f.
Augenschminke 27
Augustus 21, 91, 127, 129, 132, 136, 142f., 149, 164, 166f.
Aurelius Besarion 133
Austrocknung 11, 30
Äxte 86

Bab el-Kalabscha 131, 142
Badezimmer 41
Baki 119
Ballana 94
Barbier 41
Barsanti 61, 68f.
Batn el-Haggar 30
Baumaterialien 33
Belzoni, Giovanni 61
Bentanat 72
Bes 163
Besiedlungsstruktur 25
Bet el-Wali 18f., 102, 137–140
Betonkuppel 48, 76, 79, 81
Bevölkerungsexplosion 7
Bewässerungsanlagen 18
Bier 27
Bigge 157, 159, 165f.
Bischöfe 55, 91, 94
Bischofssitz 91, 167
Blemmyer 21f., 91, 135
Bogenschützen 44
Bonomi, Joseph 140
Boote 89
Botschafter-Spione 21
Brandspuren 26
Breasted, James Henry 50, 60, 102, 108
Bronze 87, 94
Bronzegefäße 86
Buhen 9, 20, 28, 41–44, 46f., 49
Bumerang 27
Burckhardt, Johann Ludwig 61, 67
Burggraben 43
Byzanz 11, 22, 53

Caminos 34

Carrara 72, 80
Centurionen 22
C-Gruppen 13, 18, 25, 27, 30f., 100
C-Gruppen-Kultur 16, 20, 28, 99
Champollion, Jean François 10, 102
Cheops 47
Chepri 68
Chesef Junu 40
Chnum 13, 33, 59, 121, 140
Christen, Christentum 11, 21f., 94
Christianisierung 91
Chruschtschow, Nikita 157
Churchill, Sir Winston 156
Contra Taphis 142f.

ed-Dakka 118–122
Dal 30
Darfur 14, 22
Debeira 49
Debod 147, 149, 153
Dedun 32f.
Dehutihotep 49
Dendur 127ff.
ed-Derr 61, 100ff.
Derwische 14
Dinka 28
Diokletian 166
Djer 14f., 19, 25, 27
Dodekaschoinos 164
Dongola 22, 61
Dritter Katarakt 14, 31, 35, 37
Dschebel Adda 59
Dschebel Schams 57f.
Dschesiret el-Malik 40

Echnaton 18, 49, 107
Edwards, Amelia 65, 67, 72, 92, 102, 105, 117
Eisenindustrie 21
Eje 60
Elefantenstraße 13, 15
Elefantenzähne 139
Elephantine 6, 8f., 12, 15, 17, 21f., 115, 133, 135, 139, 143, 147, 164f., 167
Elfenbein 15, 28, 46
Ellesija 95, 97
Emery, W. B. 43, 47, 84, 94, 167
Engel 60, 84
Erdhügel 94
Ergamenes 119f., 122, 136

Erster Katarakt 7, 9, 18, 24, 26, 93, 142, 154, 157
Erz 26
Erzengel 45, 53, 55
Erzgruben 47
Essensreste 86

Faras, Kathedrale von 9, 13, 20, 22, 45, 51, 53–56, 84, 94, 124
Fatimidenherrschaft 91
Faustkeile 11
Fayencen 28
Felsengrab 100, 103, 167
Felsinschriften 24, 34
Felsenkapelle 57f., 95, 112
Felsmalereien 76
Felsentempel 101, 113, 123f., 139
Felszeichnungen 23, 26, 89, 93
Fessan 61
Festungen 18, 25, 28ff., 34, 38, 41, 47, 91, 100, 115
Feuchtigkeit 36
Feuerstein 26
Fischer, Fischfang 11, 25f.
Fledermäuse 97
Flugsand 84ff.
Flußschiffahrt 100
Fresken 22, 52–56, 84, 87, 108, 122
Fruchtbarkeits-Symbole 38
Fußböden 85

Gallus, Cornelius 142
Garnisonen 18, 21, 38
Gau, F. C. 62, 65
Gazelle 139
Gebrauchsgegenstände 94
Geburtshaus 45, 68f., 133, 136, 161, 164
Gefangene 102, 138
Geologie 8, 76
Gerf Husen 102f., 112, 123–126
Ghana 50
Giraffen 93, 103, 139
Gizeh 47
Glas 94
Gold 28, 31, 46, 60, 90, 119, 139
Goldminen 41, 119
Gordon, General 39
Götzenbilder 53
Grabbeigaben 27, 94, 100
Gräber 26, 30, 39, 43, 53, 55, 89, 94, 100, 145
Gräberfelder 40, 86, 91, 94, 100, 107, 112
Grabkammern 91, 94
Graffiti 112
Granit 27

Hadrian 166f.
Häfen 18, 38, 41, 100, 131
Halikarnassos 108
Halsketten 18, 27
Hämatit 26
Handel 18, 25, 30, 33, 38, 86

Handels-Expedition 15
Harchuef 15
Harem 90
Haremhab 59f.
Harendotes 167
Harpokrates 161
Hathor 38, 53, 71, 83, 120, 126, 145, 163f., 166f.
Hathor-Tefnut 166
Hatschepsut 18, 33, 43, 53, 93
Häuser 25ff., 86
Hay, Robert 140
Hayes, W. 98
Heer 30
Heilige 55, 60, 84
Heimindustrie 86
Hekanacht 109
Heka-Nefer 89f.
Heliopolis 68
Herodot 108, 157
Hethiter 65, 72
Hethor 129
Hierasykaminos 91, 115
Hieroglyphen 14, 49, 108, 149
Hinrichtung 108
Hisa 165, 167
Hitze 36
Hochdamm 8, 17, 45
Holz 28, 36, 38, 94, 119, 131
Honig 28
Hor 58
Horus 58, 97, 106, 116, 121, 133, 139, 145, 153, 157, 161, 164
Horus von Beki 59
Horus von Buhen 59, 93
Horus von Miam 59, 93, 95, 97
Hui, Grab des 89f.
Hyksos 18

Ibrahim Pascha 92f.
Ibrim, Kasr 9, 53, 61, 91–94, 115, 124
Ichmindi 116f.
Iken 33, 38, 40
Ikonen 87
Ikonostase 87
Imhotep 164, 166f.
Infanteristen 38
Inschriften 18, 27, 41, 43, 61, 86, 89, 93, 103, 107f., 117, 127, 132, 135, 145f., 149
Insinger, Jan 33
Isis 21f., 115ff., 120f., 129, 133, 141ff., 145f., 149, 153f., 160f., 163f., 167
Isis-Hathor 146
Islam 22, 53
Isolation 23
Israel-Stele 109

Jagd 25
Jagdhunde 139
Jagdwild 27
Jäger 11, 26
Jesus, Bischof 55

Johannes, Bischof 55
Johannes von Ephesus 22
Julianus 91
Justinian 22, 53, 91

Kadesch 18, 65, 102
Kaimauer 162, 166
Kakai 46
Kalabscha 8, 10, 22f., 45, 48, 73, 124ff., 130–136, 144ff.
Kalabscha-Tor 9, 135
Kambyses 21
Kandake 21, 91, 143
Karawanen 11, 15, 30, 46, 119
Karawanenstraße 112
Karnak 18
Karneole 27
Kartuschen 66f., 83, 97, 107f., 119, 136, 166
Kasr Ibrim s. Ibrim, Kasr
Kathedrale 22, 45, 51–56, 81
Katzen 18
Kaufleute 11
Keramik 16, 20, 46, 56, 86, 100, 112
Kerma 31, 39
Kertassi 48, 144ff.
›Ketzer-König‹ 107
Khartum 10, 22, 33f., 43f., 50, 52ff.
Khormusan-Volk 26
Kirche 41, 53, 55, 60, 86, 110, 112, 120, 141, 143, 167
Kleidung 27
Kleopatra 21
Kleopatra II. 149
Klima 30, 33
Klima-Anlage 36
Kloster 108
Kolonisation 25
Kolossalfiguren 61, 64, 66f., 72, 76, 78, 82, 101, 112f.
Kommandeurswohnung 41
›Könige der Fremdländer‹ 18
Konsignatorium 87
Konstantinopel 22
Kopten 60, 108, 114, 120, 139f., 167
Kordofan 22
Kreuzzug 91
Kriegsgefangene 164
Krönungstempel 108
Kuban 41, 119
Kumma 29f., 32, 34
Kunst 15
Kuper 127, 129
Kupfer 47
Kupfererz 42
Kupferindustrie 46, 49
Kupferminen 9, 47
Kusch 13, 18, 21, 23, 44, 90

Lagerhäuser 100
Lampen 94
›Land der dreißig Schoinen‹ 142
›Land der Geister‹ 11, 15

Lederrock 27
Lehm 85
Leoparden 93, 139
Lepsius, R. 33
Libyer 15, 67
Libysche Wüste 61
Lotsen 157
Löwen 101 f., 113
Löwenherz, Richard 91
Luftschächte 36
Luxor 102
Lyons, H. G. 167

Madjai 32, 34, 41
Magazine 40
Mahagoni 33
Maharraka 21 f., 115 ff.
Mahdi 14, 39
Mahesa 153
Mahlsteine 27
Makuria 22, 53
Malerei 89, 143
Malul von Talmis 131
Mamelucken 92
Mammisi 45, 133, 136, 161, 164, 166 f.
Mandulis 131, 133, 136, 164, 166 f.
Mare Nostrum 22
Massenmord 27
Mauretanien 28
Mehlherstellung 86
Mekka 61
Memphis 15, 21, 124
Menschenopfer 108
Mercurius 143
Merenptah 109
Merenrê 15
Mereseger 33
Meroe 21, 24, 91, 149
Metallwerkzeuge 46
Miam 89, 100
Miam, Prinz von 89 f.
Michalowski, K. 54
Min 116, 133
Mirgissa 20, 35–41
Missionare 11, 22, 53
Mittelmeer 7, 24
Mittleres Reich 15, 25, 28 f., 35, 37, 39, 41 ff., 47, 53, 100, 103, 119, 142
Möbel 94
Mohammed Ali 92
Mörser 86
Moslem 11, 141
Muezzin 91
Mukurra 22
Mumien 167
Muscheln 27
Mythologie 21

Napata 21, 24, 108
Nasser, Gamal ad-Din 147, 157
Nasser-See 8 ff., 25, 43
Nefertari 64, 72 ff., 81, 83
Nehesi 33 f.

Nehi 93
Nektanebos I. 166 f.
Nektanebos II. 166 f.
Nero 22
Neues Reich 25, 28, 44, 89, 100, 103, 115
Niger 61
Nigeria 13
Nil 6
Nilometer 8, 133, 167
Nobaden 21 f., 91, 94, 133
Nobatia 22, 53, 91
Nordwind 36
Nubien 6, 10 f., 18 f., 21 f., 27 f., 30
Nubier 6, 11, 15, 18, 67, 74

Obelisken 18, 68
Ofeduina 115
Offiziere 90
Öllampen 86
Ombos 133
Opferszenen 103
Orontes 18
Osiris 21, 60 f., 68, 72, 75, 83, 129, 133, 145, 149, 157, 163 f.
Osorkon 21
Oströmisches Reich 22

Pachoras 52 f.
Paläontologen 25
Paläontologie 23
Paläste 89
Palästina 109
Palästinenser 67
Panther 46
Papyrus 34, 46, 59
Papyrussümpfe 22
Paser 57 f., 60
Paulus, Bischof 55 f.
Pavian 68
Pede-Hor 127, 129
Pede-Ise 127, 129
Pennsylvania 89
Pennut 98, 100
Pepi II. 11, 15
Per-Amun 112
Perlen 27, 38, 86, 100
Per-Ptah 124
Petrie, William Matthew Flinders (Sir) 109
Petronius 91
Petrus, Apostel 112, 114
Pfeil und Bogen 38, 89
Philae 6, 8, 10, 22, 53, 131, 144 ff., 153 f., 157, 159, 161 f., 164–167
Pianchi 21
Pio 147
Plumley, Professor 94
Pnubs 119
Polizei 32
Primis 115
Priester 68, 84, 95, 146, 157, 160, 167
Priesterinnen 167
Psammetich I. 21
Psammetich II. 61, 134

Ptah 58, 70, 72, 78, 103, 124, 126
Ptah-Tenen 126
Ptolemäer 21, 115, 166
Ptolemais 91
Ptolemaios II. Philadelphos 166
Ptolemaios IV. 119, 121 f.
Ptolemaios VI. 164
Ptolemaios VI. Philometor 149
Ptolemaios VIII. Euergetes 136, 153
Ptolemaios XI. Neos Dionysos 164
Punt 15
Pursepmunis 145
Pyramiden 15, 21

Qubbet el Hawa 12
Qustul 94

Ramesseum 33, 102
Ramses II. 18, 20, 50, 54, 57 f., 64, 66–74, 76, 81, 83, 93, 101 ff., 109 f., 112, 114, 123 ff., 126, 139 f.
Ramses III. 19
Ramses VI. 100
Ramses X. 19
Rasiermesser 41
Rê 65, 153
Regen 30
Rê-Harachte 64, 70, 101, 103, 107, 109, 113 f.
Reinigungs-Rituale 113
Reisner 27, 34, 36, 38, 40
Reliefs 50, 68, 73, 76, 83, 93, 97, 101, 105, 108, 113, 116, 126, 132, 135, 139, 141, 145, 149, 163
Religion 53
Ringhöfe 26
Rinder 139
Ritter 84
Roberts, D. 127
Römer 21, 115, 122, 141 ff., 153
Römerzeit 100

Saatkörner 33
Saqqara 47
Saladin 91
Salt, Henry 61
Salzkristalle 143
Sanddünen 26
Satis 93, 97
Sattel 94
Satteldecken 94
Savannen-Gebiet 30
Schabako 21
Schafsfelle 94
Schams ed-Daulah 91
Schelfak 39 f.
Scheschonk 19
Schießscharten 43
Schiffe 14, 72, 84, 103
Schiffahrt 39
Schiffsverkehr 90
Schild 39
Schilluck 28

Schlachthaus 113
Schleppboote 131
Schleuder 38
Schmelzöfen 47
Schmelztiegel 47
Schokan 84 ff., 88
Schrift 21
Schweine 133
›Schweine-Dekret‹ 133
Seanra 107
es-Sebua, Wadi 8, 18, 110, 112, 114, 117, 122, 124
Sechemkarê 41
Sechster Katarakt 21
Seevölker 19
Selim I. 92
Semna 9, 18, 28 ff., 32 ff., 38, 43
Semna-Ost 32
Semna-West 20, 30–34
Serapis 115 ff.
Serra 41
Serra-Ost 38, 41
Serra-West 41
Sesostris I. 38, 100, 107
Sesostris III. 18, 31 ff., 38, 40, 58, 107
Setau 26, 53, 93, 97, 108, 124, 126
Seth 58 ff., 157
Sethos I. 18, 93, 107, 119
Siegel 34, 38, 46
Silber 46
Silko 22, 133, 135
Silsila 124
Simpson, William Kelly 89
Sinai 15
Siptah 108
Skarabäen 16, 38, 68
Skelette 26
Sklaven 94
Slip-Bahn 38 ff.
Smith, Harry 86
Snofru 27 f.
Soba 53
Sobek-Rê 58
Soldaten 30
Somaliland 15
Sonnenkapelle 68
Speer 38
Sperrgebiet, militärisches 143
Sphinx, Sphingen 112, 124
Spiegel 100
Spielzeug 86
Sprache 21, 25
Sruptichis 145
Stadtmauer 43
Stampfgefäße 86
›Steinbett‹ 8, 30
Steinbrüche 48, 100, 144 ff.
Steindorff 100
Steinpaletten 27

Steinwerkzeuge 11
Steinzeit 25
Stelen 38, 40, 49, 57 f., 72
Steuereinnehmer 46
Strafexpedition 14 f., 21 f., 28
Straußenfedern 27, 46, 89 f., 139
Streitaxt 39
Streitwagen 102
Stromschnellen 142, 157
Sudan 6, 8–11, 18, 22, 24 f., 31, 43, 94
Sudd 22
Suleiman, Scheich 13 f.
Syene 21

Taharka 21, 54, 154
Takelot 21
Talmis 131, 133, 135
Tanitische Dynastie 19
Taphis 135, 142 f.
Taffa 131, 135, 141 ff.
Tausert 108
Tefnut 120
Tempelgründungen 142
Tempeltexte 106
Textilien 28
Theben 18, 21, 34, 89 f., 108 f.
Theodora von Byzanz 91
Theodosius 91
Thot 59 f., 68, 116, 119 f., 122, 133, 149
Thutmosis I. 18, 31
Thutmosis II. 43, 93
Thutmosis III. 18, 33, 43, 53 f., 93, 95 ff., 106–109, 119
Thutmosis IV. 106, 108
Tiberius, Palast des 142
Tiere 89
Tikschi 108
Timotheus, Bischof 94
Tonscherben 38
Tonsiegel 46
Tonstempel 34, 40
Tonwaren 21
Töpfereien 27 f.
Toschka 89
Trajan 166
Trajans-Kiosk 161, 167
Transitstraße 15
Transport 33, 90
Tribut 18, 46, 90, 93, 139
Troglodyten 40
Tschad 28
Tui 72
Türdurchbrüche 85
Tutanchamun 54, 89

Überflutungen 6, 9
Umleitungskanal 157
Umm Garayat 119
Umsiedlungsarbeiten 75, 78

UNESCO 6, 9 f., 50, 52, 73, 167
Urgeschichte 25
Uronarti 40 f.
Urzeitmenschen 25
Uschebti 89

Vercoutter 39
Verecundus 117
Verfluchungs-Texte 38
Verwaltung 18
Vieh 31, 34
Viehzüchter 25, 28, 30, 86
Vierter Katarakt 14, 21, 31
Villard, Monneret de 86
Vizekönig 18, 31, 53, 57 f., 60, 89, 97, 109, 124
Vögel 27
Vorgeschichte 23, 26
Votiv-Stelen 145

Wadi Halfa 7, 13, 17, 54
Waffen 21
Wandbilder 58, 60, 76
Wanderdünen 68, 84
Wandmalerei 54 f.
Wasserbecken 113
Wasserhaushalt 7
Wasserschutzpolizei 39
Wasserstand 39, 78
Wassertreppe 40 f., 46
Wasserverlust 8
Wawat 13, 18, 58, 95, 100
Webstühle 86
Webstuhlgewichte 86
Wehrgänge 36, 43
Weidegründe 28
Weigal, Arthur 84, 86, 97, 107, 116 f.
Wendeltreppe 116
Werkzeuge 21, 25, 86
Wohnbauten 41
Wohngemeinschaften 100
Wohnsiedlungen 41
Wolf, Walther 11

X-Gruppe 94

Yale 89
Yam 15

Zaumzeug 94
Ziegenstall 86
Ziegelsteine 85 f., 119
Zitadelle 36, 41, 46, 51, 86
Zivilverwaltung 39
Zweiter Katarakt 8, 14, 17 f., 21, 26, 30, 43, 49, 142
Zwerge 15